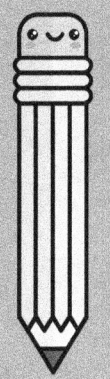

EDICIÓN **2026**

CÓMO DIBUJAR
KAWAII
– PARA NIÑOS –

PASO A PASO

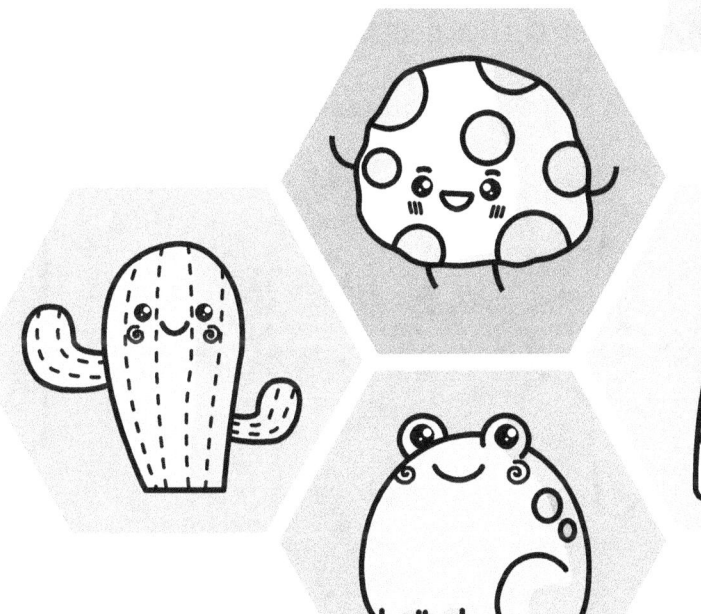

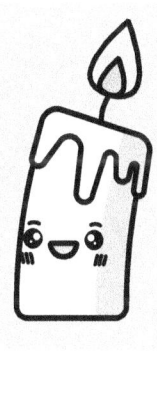

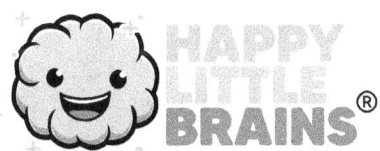

HAPPY LITTLE BRAINS®

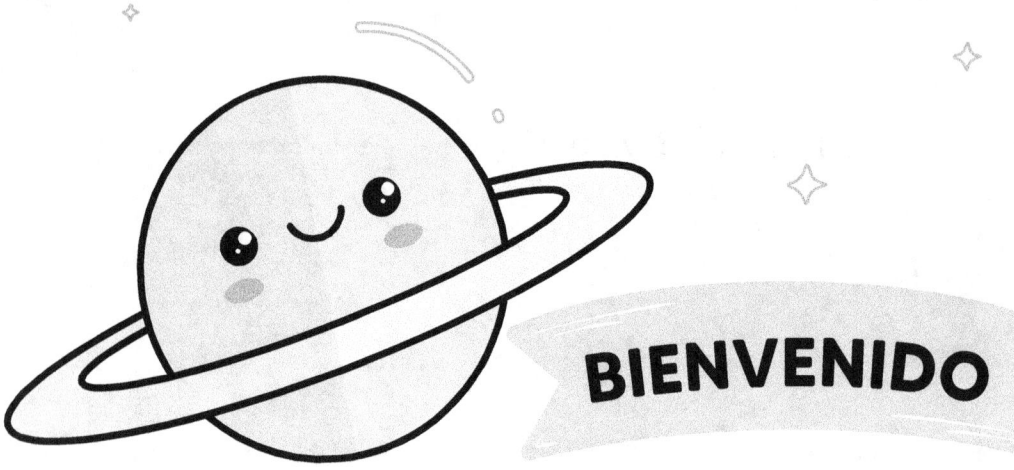

BIENVENIDO

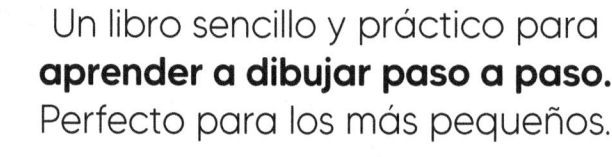

¡Crea tu pequeño **Mundo Kawaii!**

Un libro sencillo y práctico para
aprender a dibujar paso a paso.
Perfecto para los más pequeños.

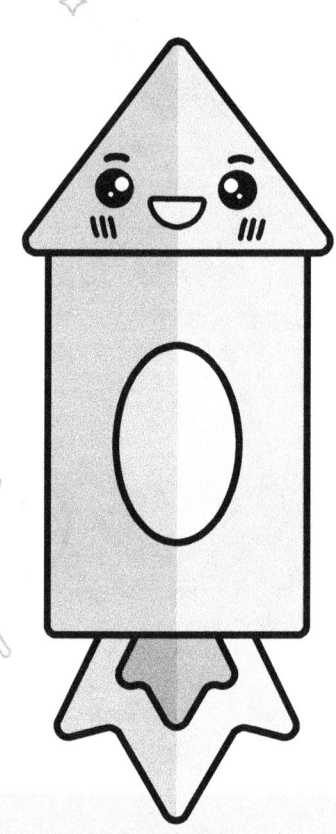

Hemos creado este libro con amor y dedicación.
Ojalá te guste tanto como a nosotros.

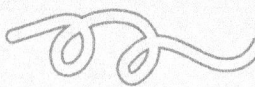
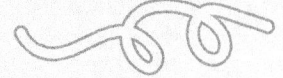

Si tienes 30 segundos, nos encantará leer tus
impresiones sobre él en Amazon.

Para dejar tu reseña, escanea este QR con la
cámara de tu móvil. La página para dejar la
reseña aparecerá en tu navegador.

¡Contamos contigo! Tu valoración
hace la diferencia.

¡Un gran abrazo!

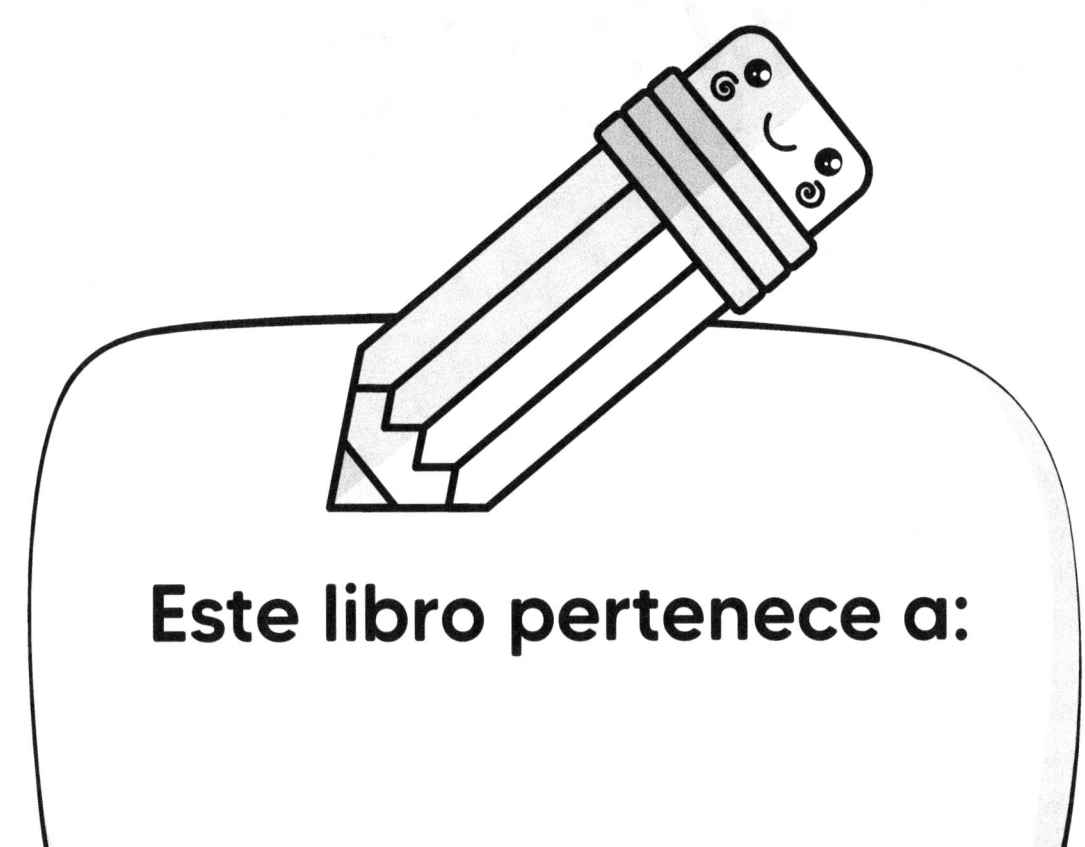

Este libro pertenece a:

....

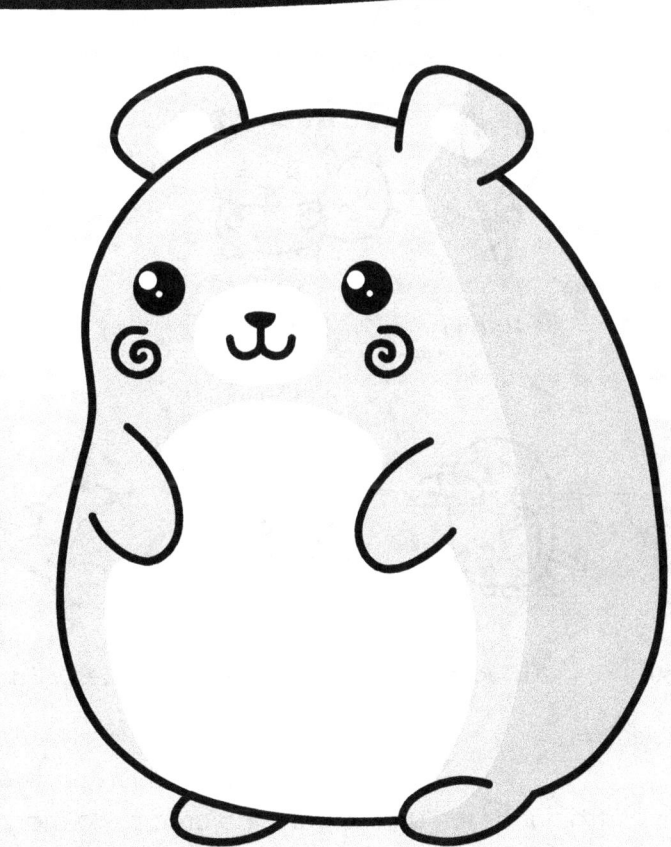

DESCUBRE
EL INTERIOR

¡Colorea cada ilustración de este índice, una vez que hayas aprendido a dibujarla!

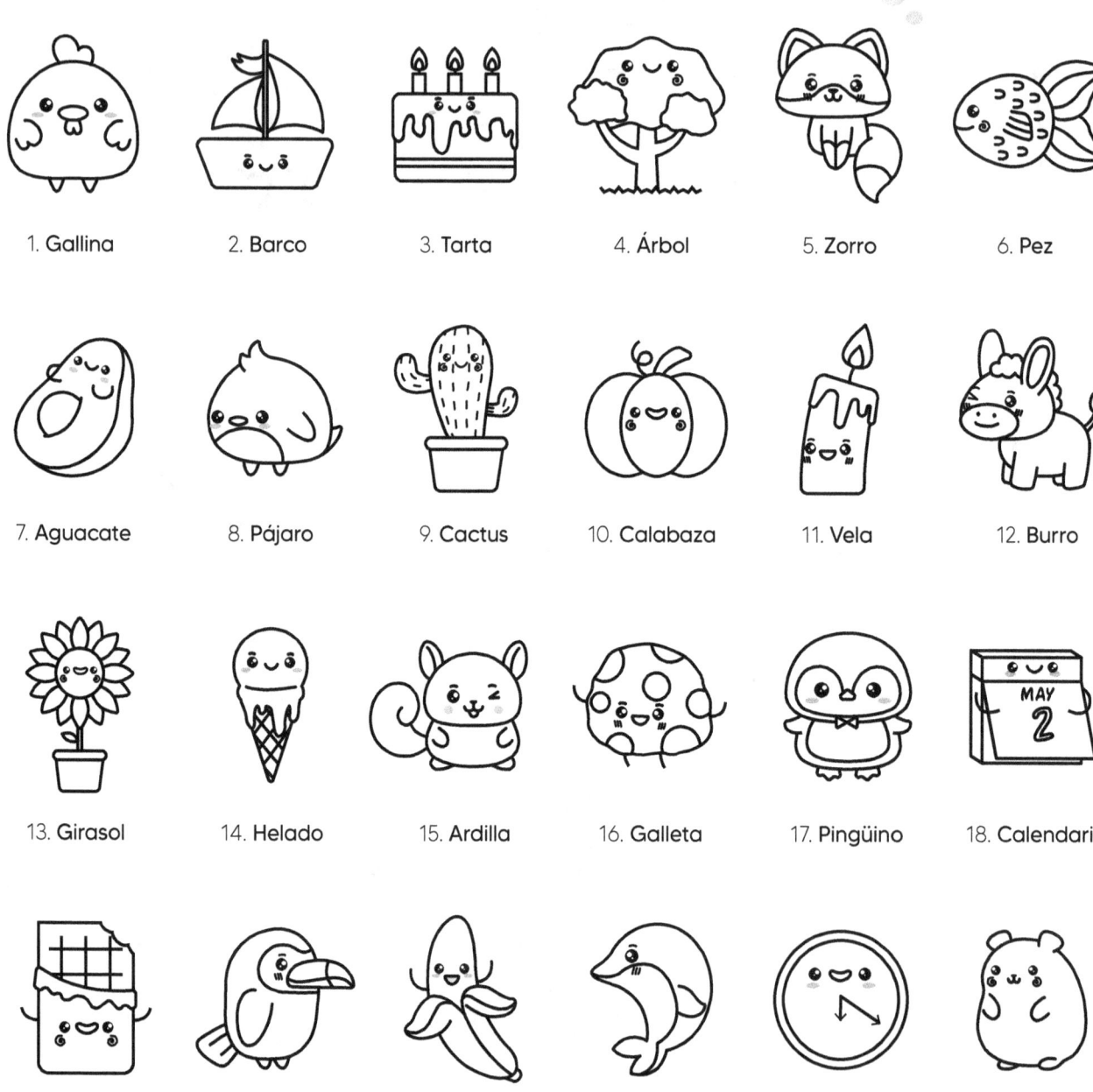

1. Gallina
2. Barco
3. Tarta
4. Árbol
5. Zorro
6. Pez

7. Aguacate
8. Pájaro
9. Cactus
10. Calabaza
11. Vela
12. Burro

13. Girasol
14. Helado
15. Ardilla
16. Galleta
17. Pingüino
18. Calendario

19. Chocolate
20. Tucán
21. Plátano
22. Delfín
23. Reloj
24. Hámster

Estas ilustraciones tan únicas han sido creadas a mano, especialmente para este libro.

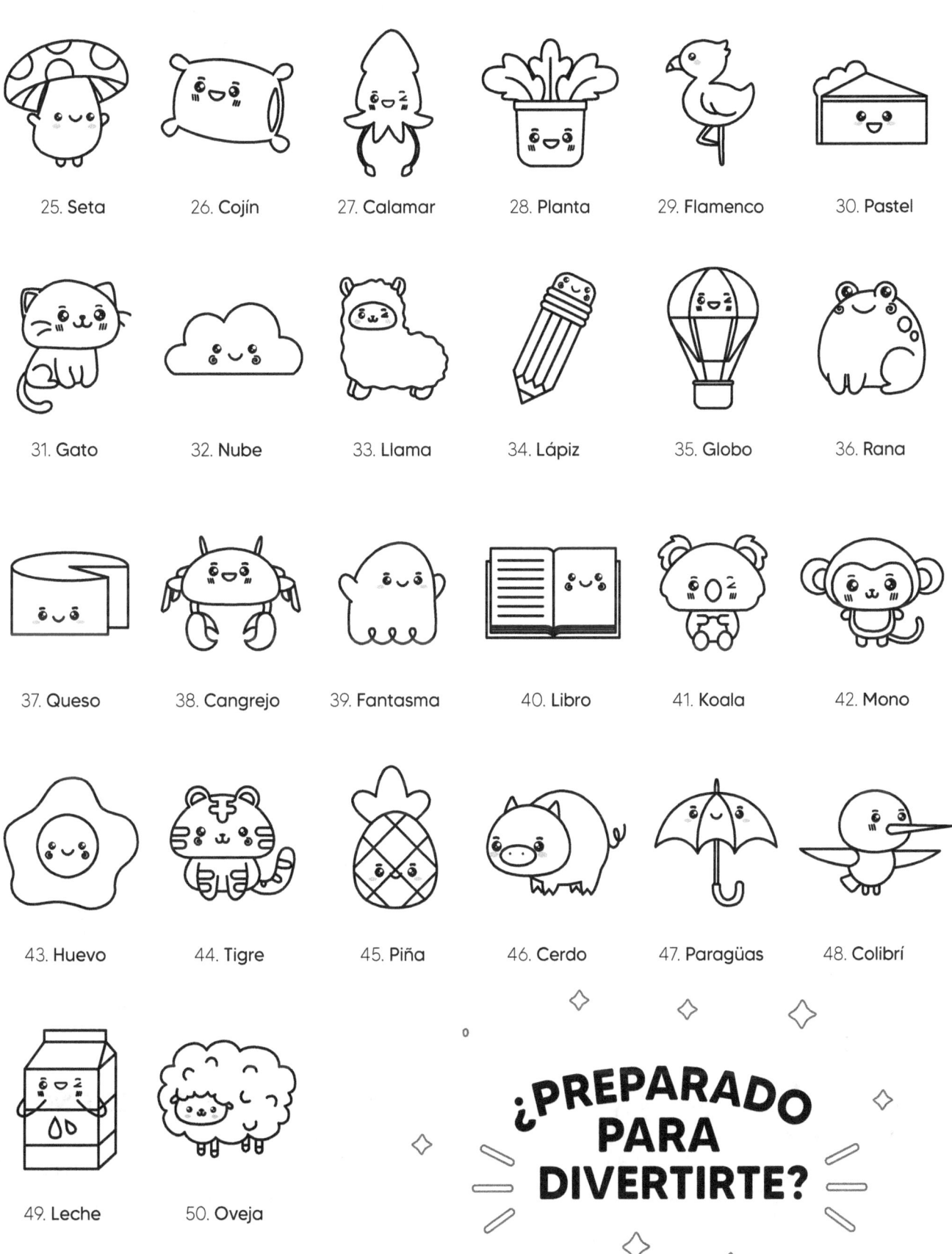

25. **Seta**   26. **Cojín**   27. **Calamar**   28. **Planta**   29. **Flamenco**   30. **Pastel**

31. **Gato**   32. **Nube**   33. **Llama**   34. **Lápiz**   35. **Globo**   36. **Rana**

37. **Queso**   38. **Cangrejo**   39. **Fantasma**   40. **Libro**   41. **Koala**   42. **Mono**

43. **Huevo**   44. **Tigre**   45. **Piña**   46. **Cerdo**   47. **Paragüas**   48. **Colibrí**

49. **Leche**   50. **Oveja**

¿PREPARADO PARA DIVERTIRTE?

Estas ilustraciones tan únicas han sido creadas a mano, especialmente para este libro.

INSTRUCCIONES

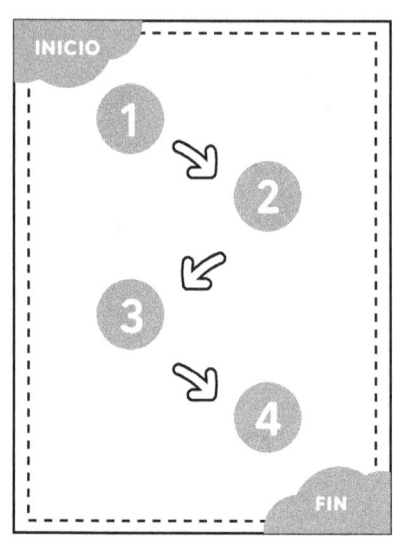

Cada dibujo tiene **4 PASOS.**

Sigue los números para completar
PASO A PASO cada ilustración.

El método paso a paso te ayudará a
ganar confianza antes de que aprendas a
dibujar por tu cuenta.

Debes seguir las **LÍNEAS NEGRAS.**

Las líneas **DISCONTINUAS** te servirán
como guía. Cuando termines de dibujar la
ilustración, puedes borrarlas.

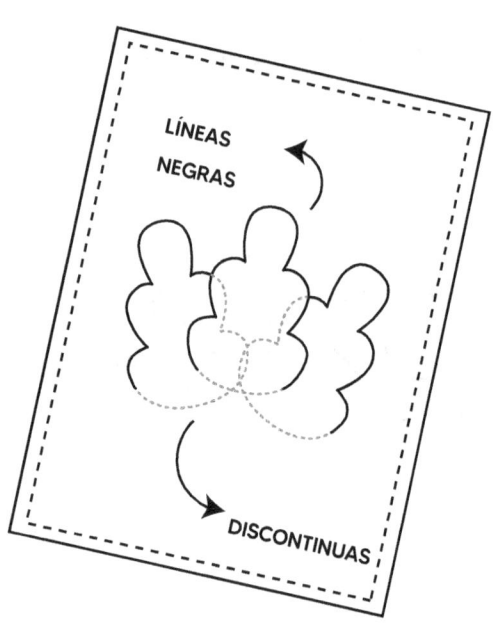

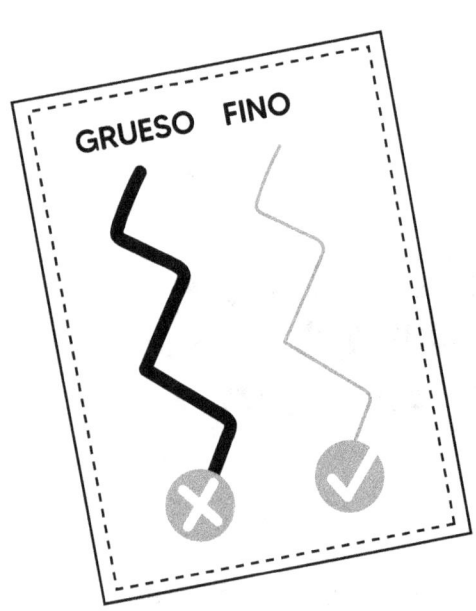

Comienza siempre haciendo **TRAZOS FINOS.**

Así te será más fácil corregir cualquier error. Las
líneas gruesas son siempre más difíciles de borrar.

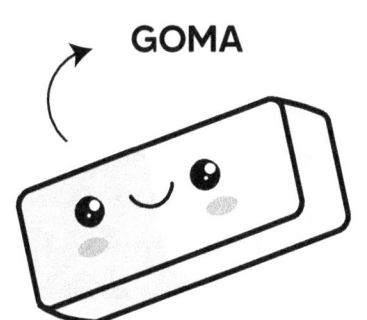

GOMA

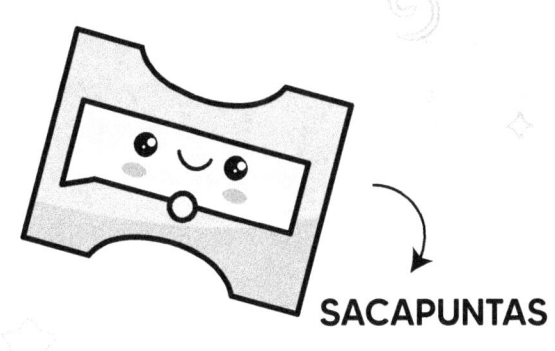

SACAPUNTAS

MATERIALES

Solo necesitarás **4 COSAS**

PAPEL

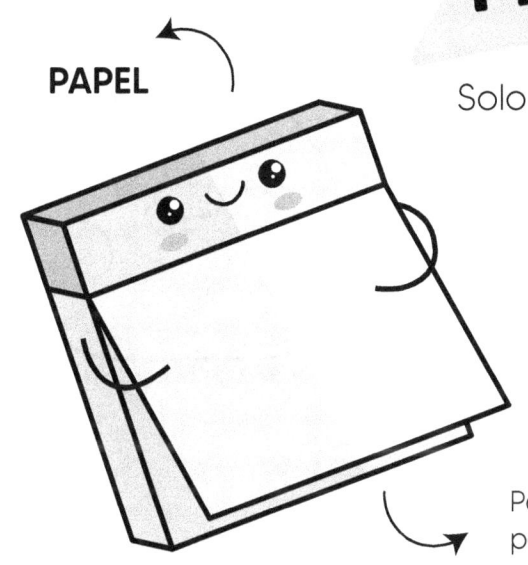

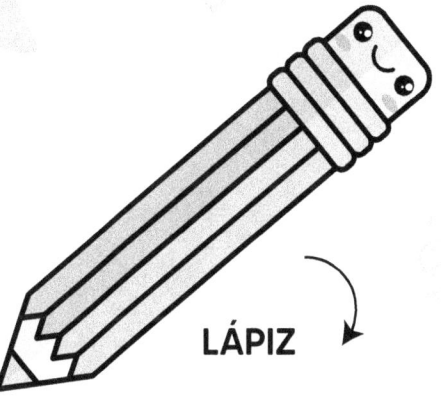

LÁPIZ

Para evitar confusiones y verte restringido, usa papel blanco sin líneas ni marcas.

¡Todos podemos dibujar!

Todos los dibujos comienzan por una **FORMA BÁSICA**

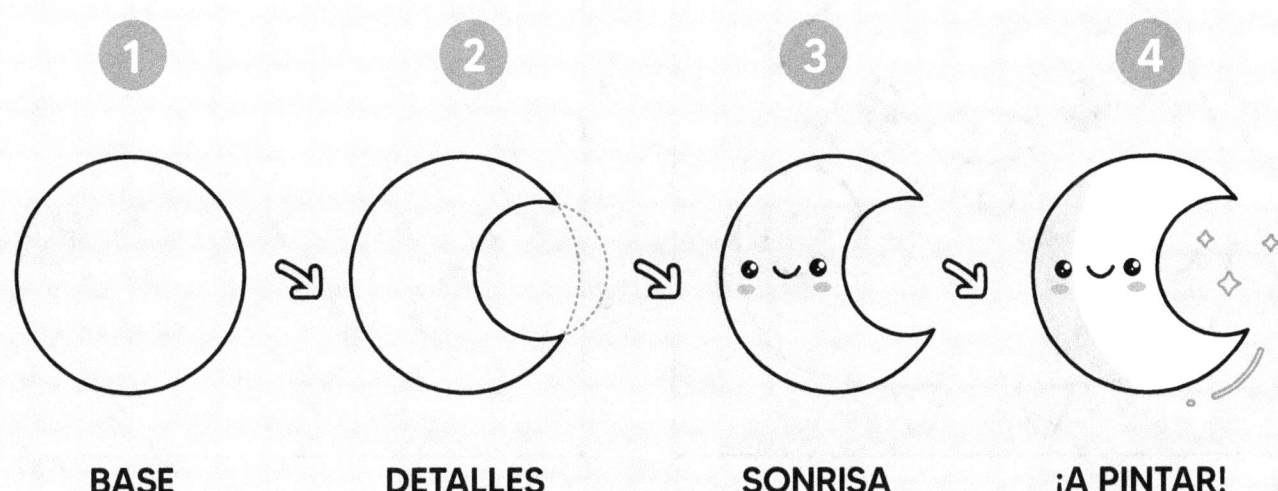

1   **2**   **3**   **4**

BASE   **DETALLES**   **SONRISA**   **¡A PINTAR!**

GALLINA

1 Sigue los pasos
uniendo puntos

2

3

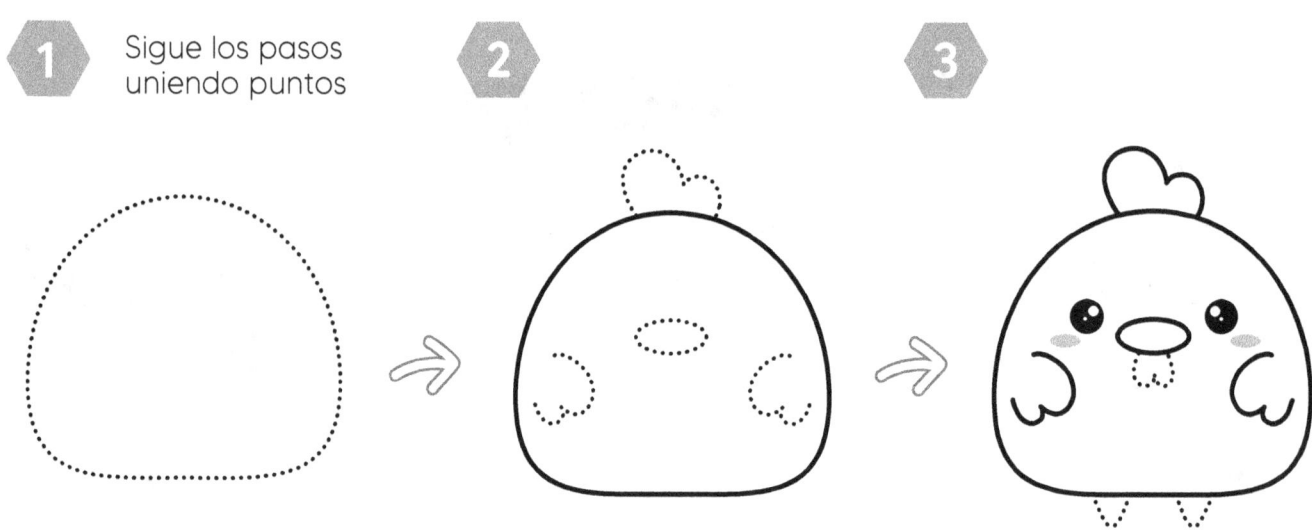

4 ¡Ahora a dibujar! Copia el dibujo utilizando la cuadrícula

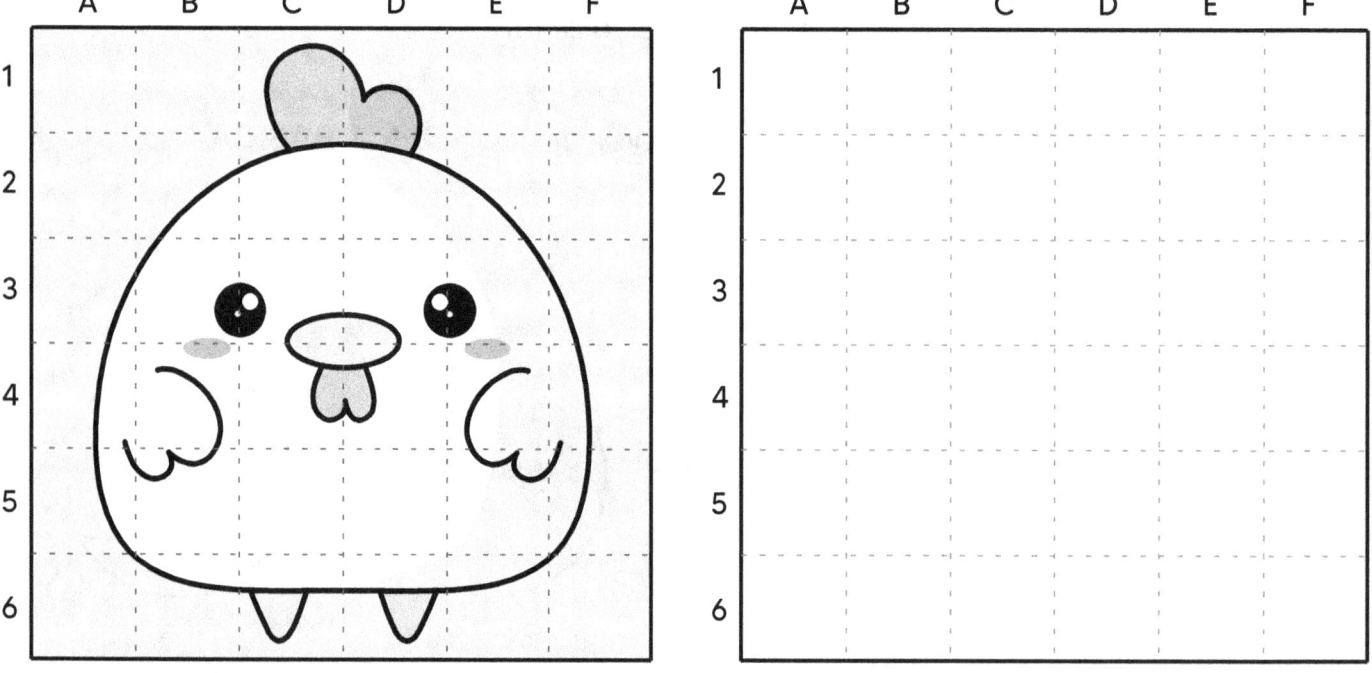

¡Bien hecho! Ya estás preparado para dibujarlo en una hoja en blanco

**Mis velas
me llevan
muy lejos**

BARCO

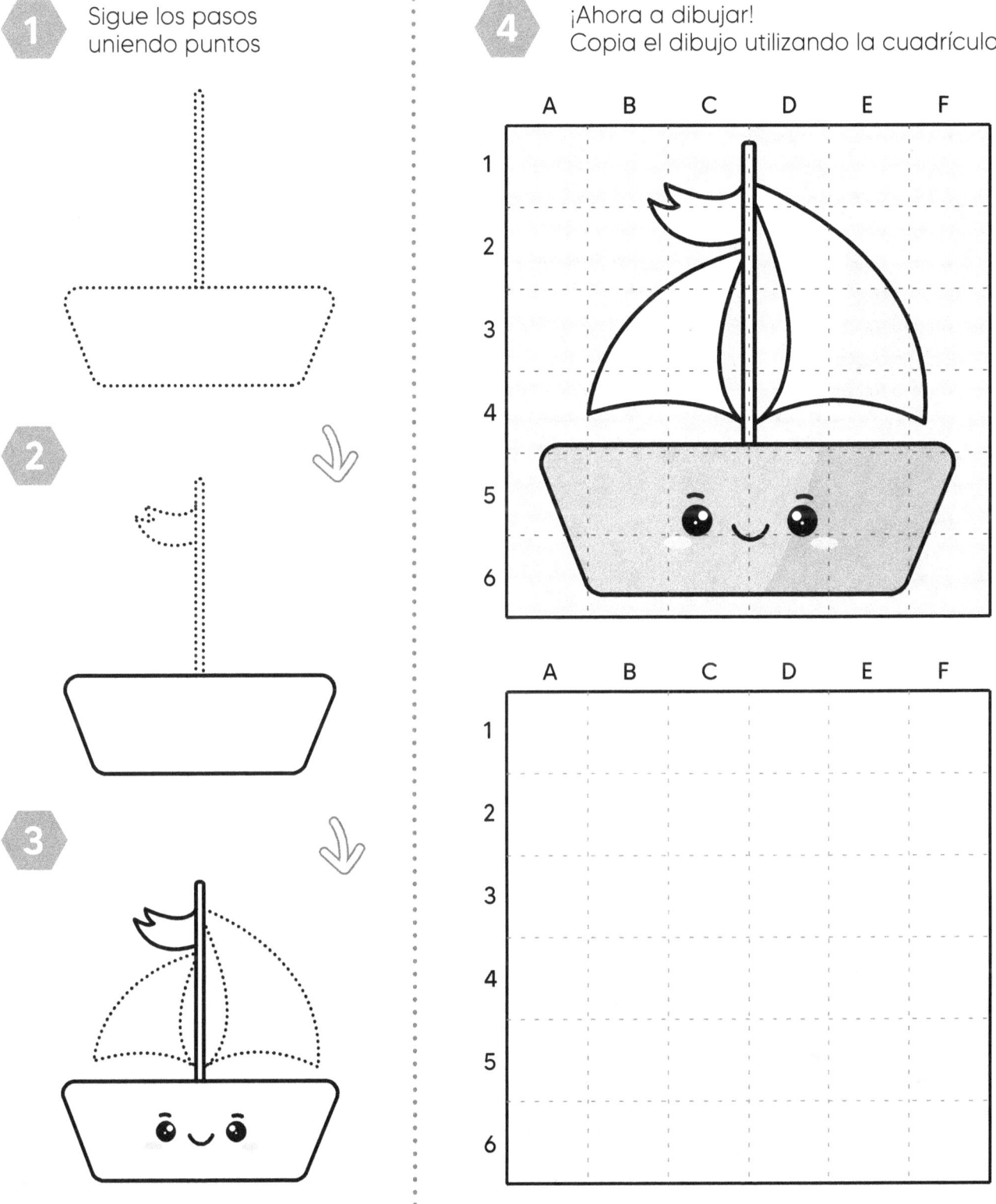

1 Sigue los pasos
uniendo puntos

2

3

4 ¡Ahora a dibujar!
Copia el dibujo utilizando la cuadrícula

	A	B	C	D	E	F
1						
2						
3						
4						
5						
6						

TARTA

1 Sigue los pasos uniendo puntos

2

3

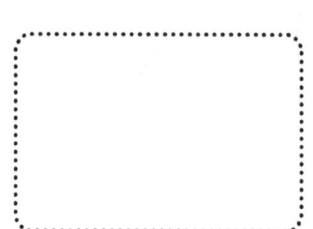

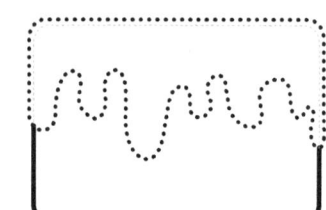

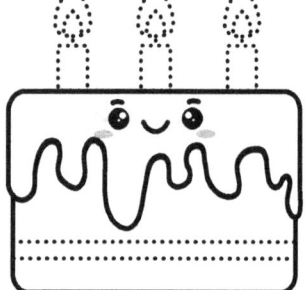

4 ¡Ahora a dibujar! Copia el dibujo utilizando la cuadrícula

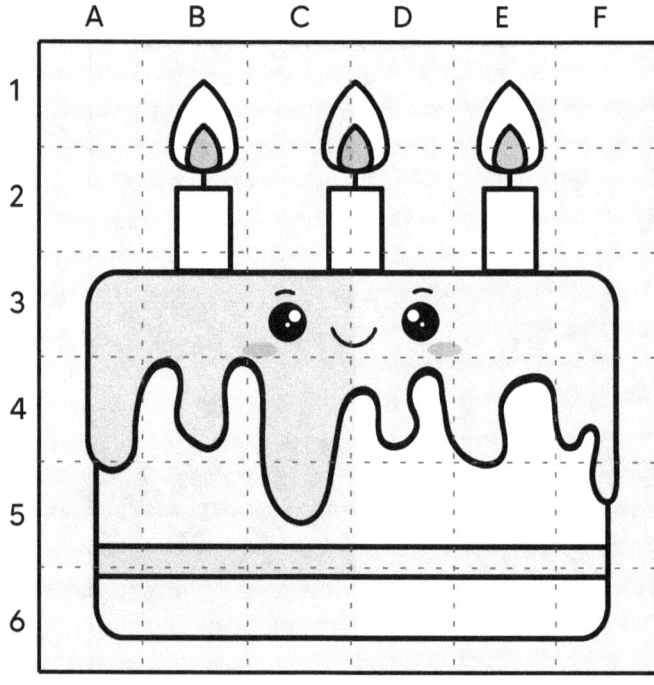

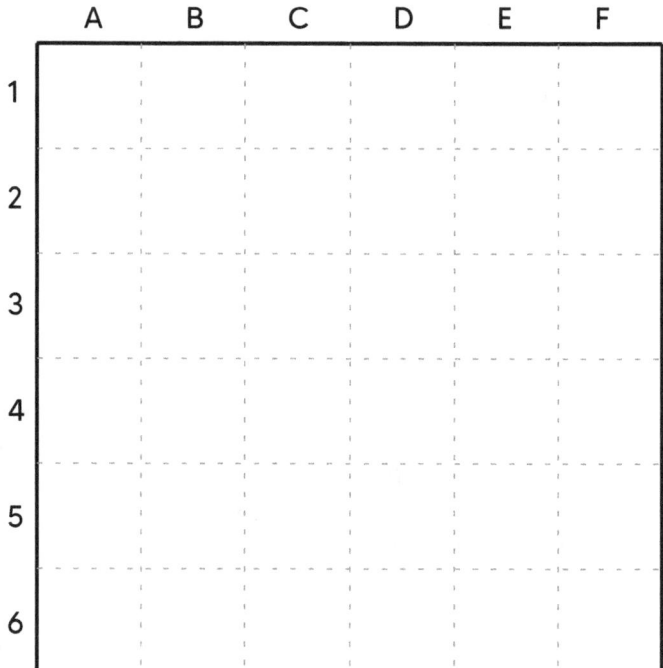

¡Bien hecho! Ya estás preparado para dibujarlo en una hoja en blanco

Mis raíces son muy profundas

ÁRBOL

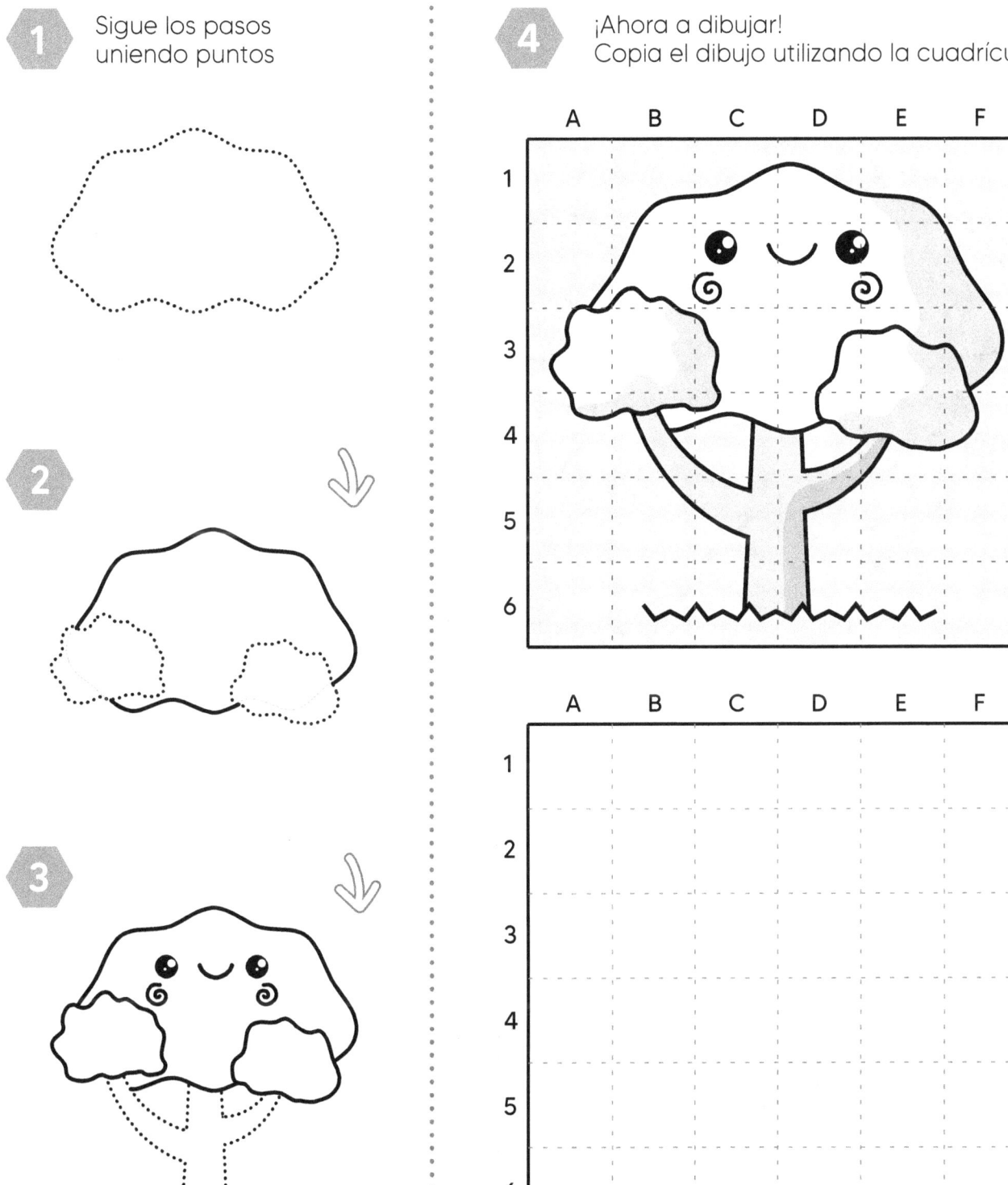

1 Sigue los pasos uniendo puntos

2

3

4 ¡Ahora a dibujar!
Copia el dibujo utilizando la cuadrícula

	A	B	C	D	E	F
1						
2						
3						
4						
5						
6						

ZORRO

Los zorros
corremos
muy rápido

1 Sigue los pasos
uniendo puntos

2

3

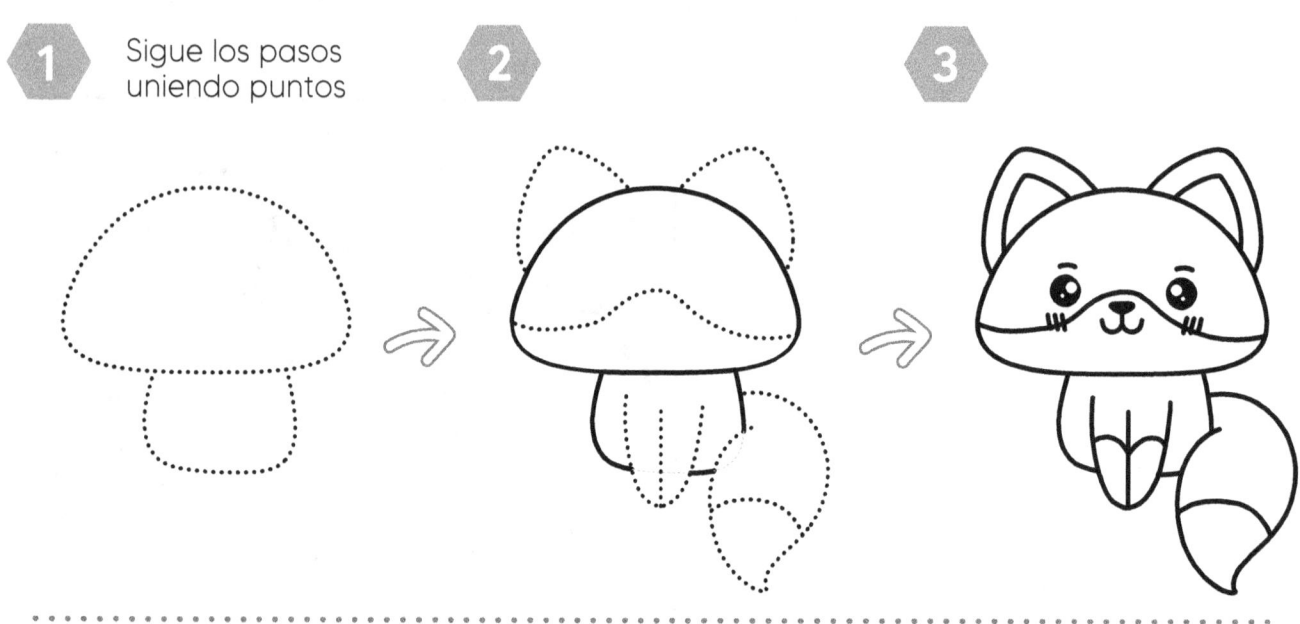

4 ¡Ahora a dibujar! Copia el dibujo utilizando la cuadrícula

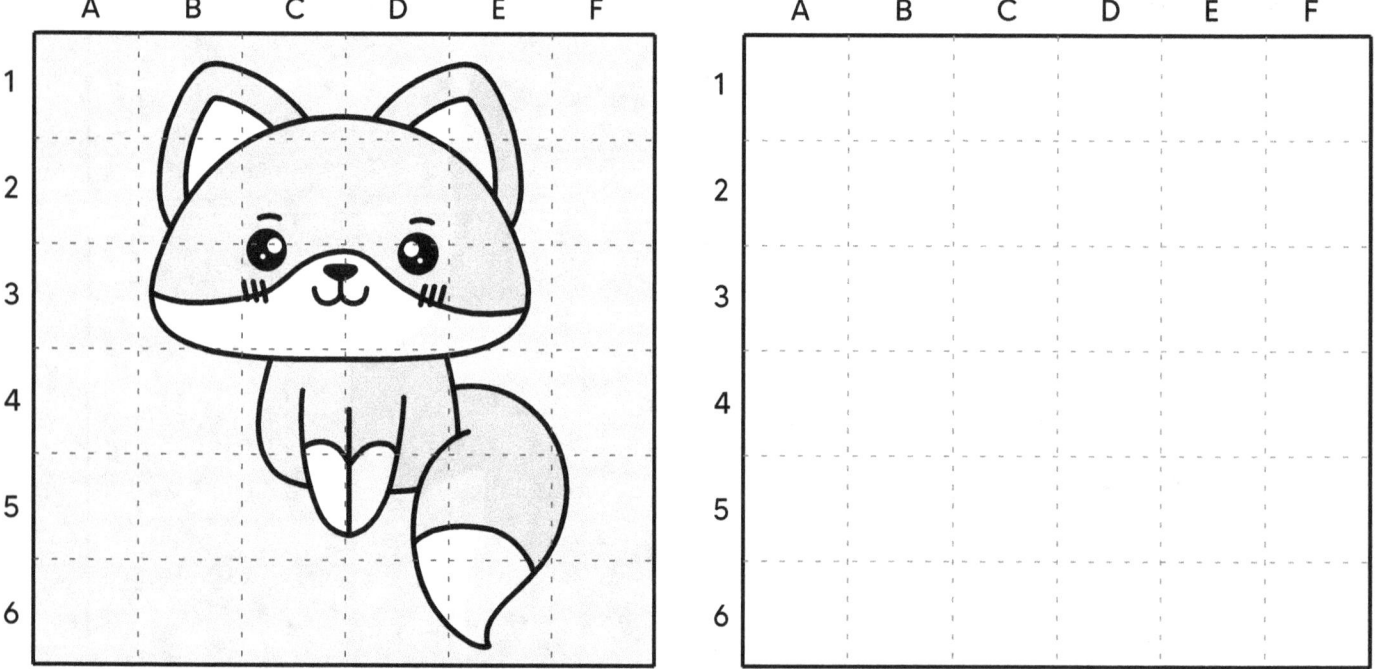

¡Bien hecho! Ya estás preparado para dibujarlo en una hoja en blanco

Respiro
debajo
del agua

PEZ

1 Sigue los pasos
uniendo puntos

4 ¡Ahora a dibujar!
Copia el dibujo utilizando la cuadrícula

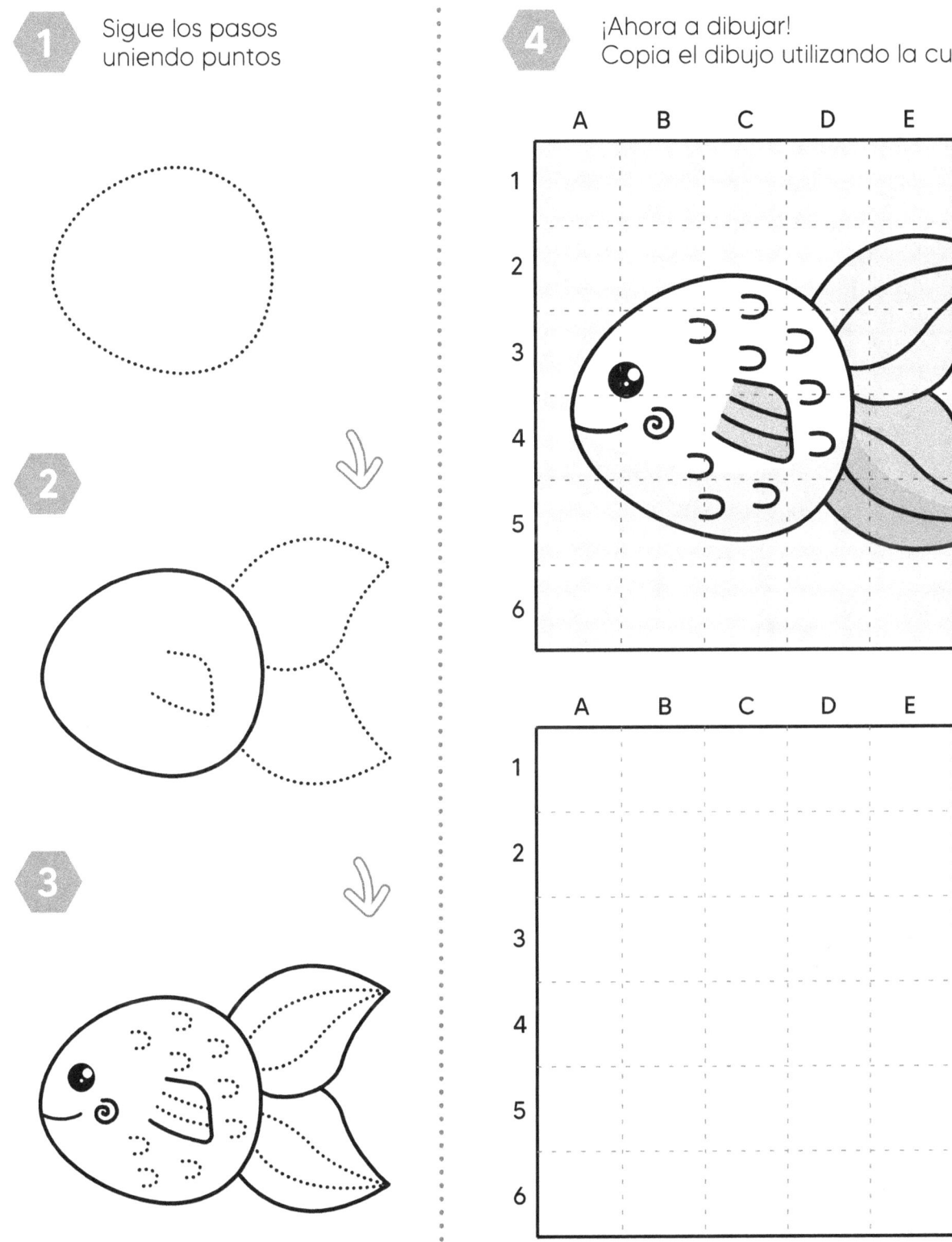

2

3

¡Bien hecho! Ya estás preparado para dibujarlo en una hoja en blanco

AGUACATE

Tengo
grasas
muy sanas

1 Sigue los pasos uniendo puntos

2

3

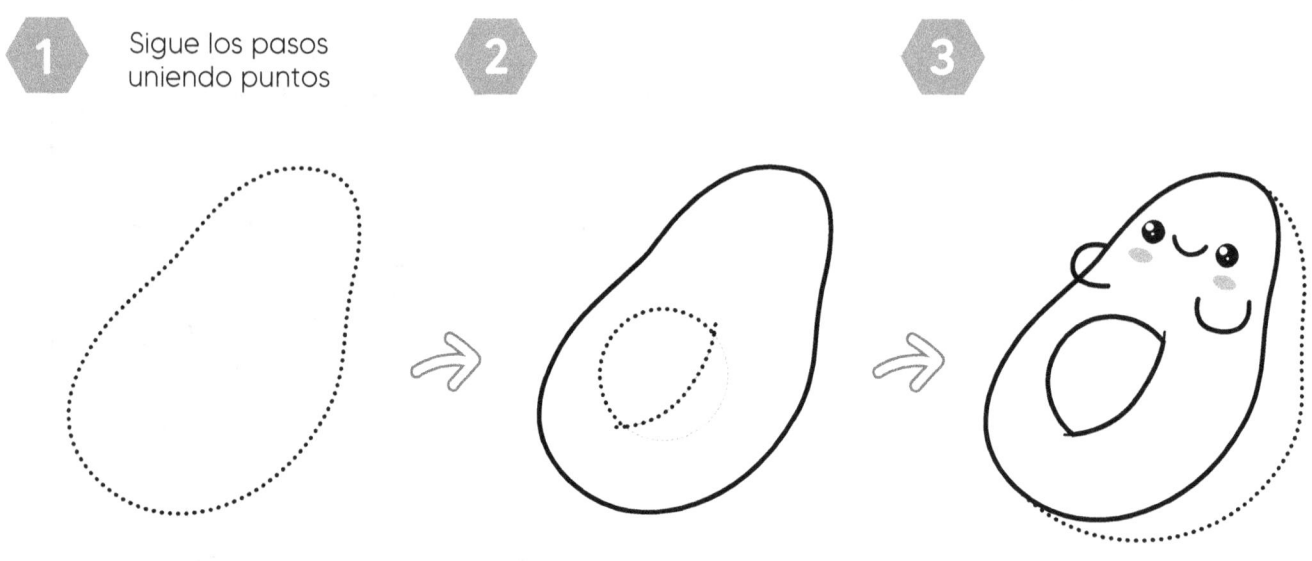

4 ¡Ahora a dibujar! Copia el dibujo utilizando la cuadrícula

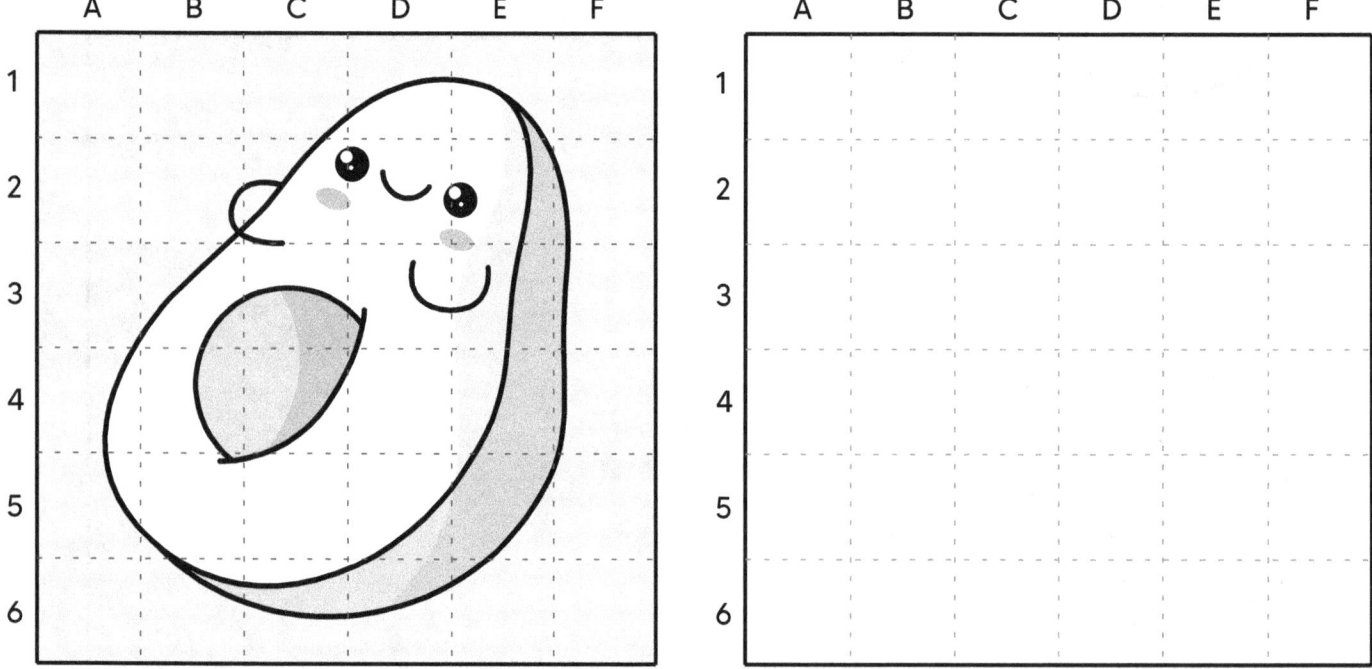

¡Bien hecho! Ya estás preparado para dibujarlo en una hoja en blanco

Mis alas
son muy
fuertes

PÁJARO

1 Sigue los pasos
uniendo puntos

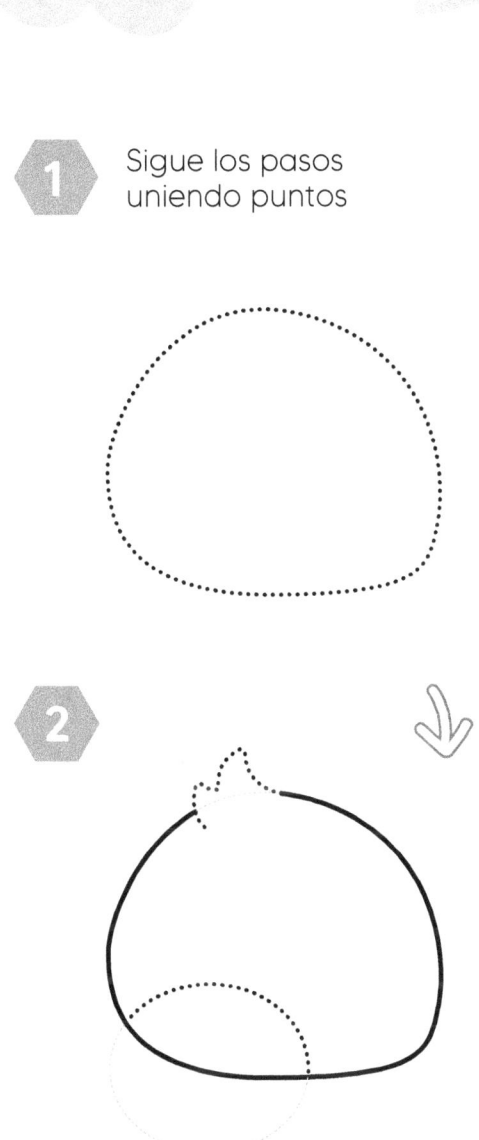

2

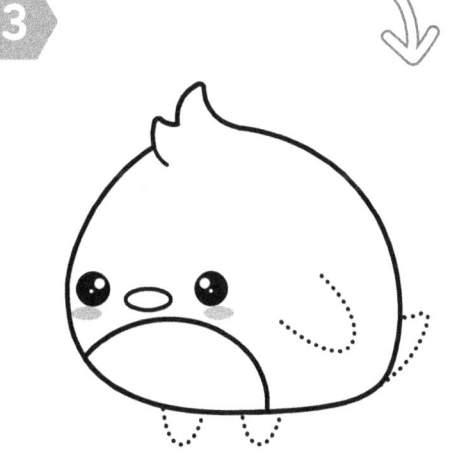

3

4 ¡Ahora a dibujar!
Copia el dibujo utilizando la cuadrícula

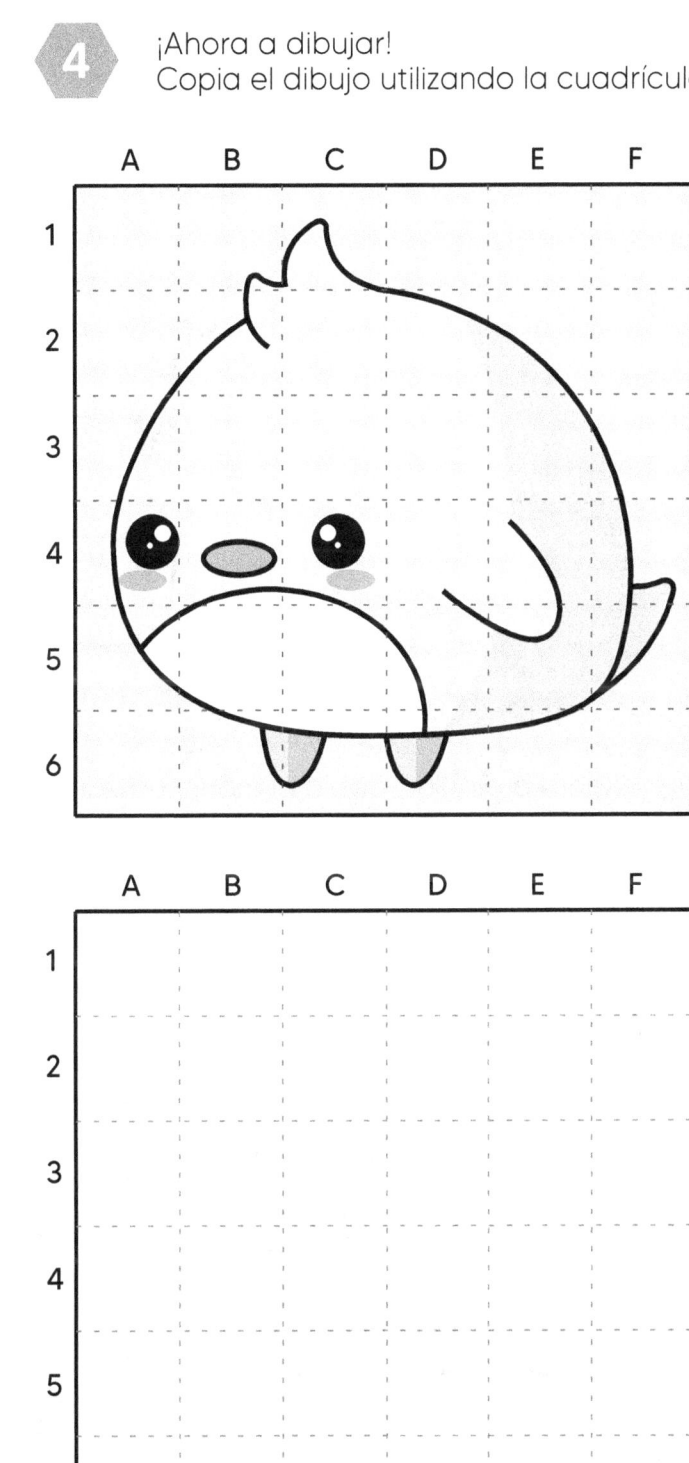

¡Bien hecho! Ya estás preparado para dibujarlo en una hoja en blanco

CACTUS

¡Mejor no me toques!

1 Sigue los pasos uniendo puntos

2

3

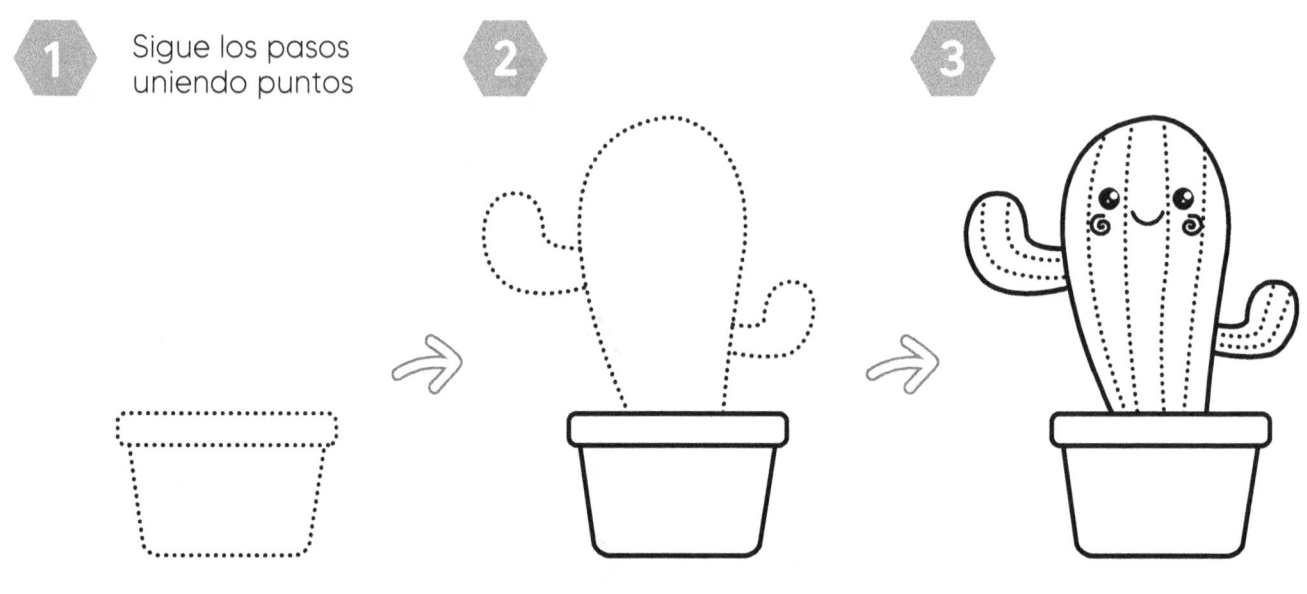

4 ¡Ahora a dibujar! Copia el dibujo utilizando la cuadrícula

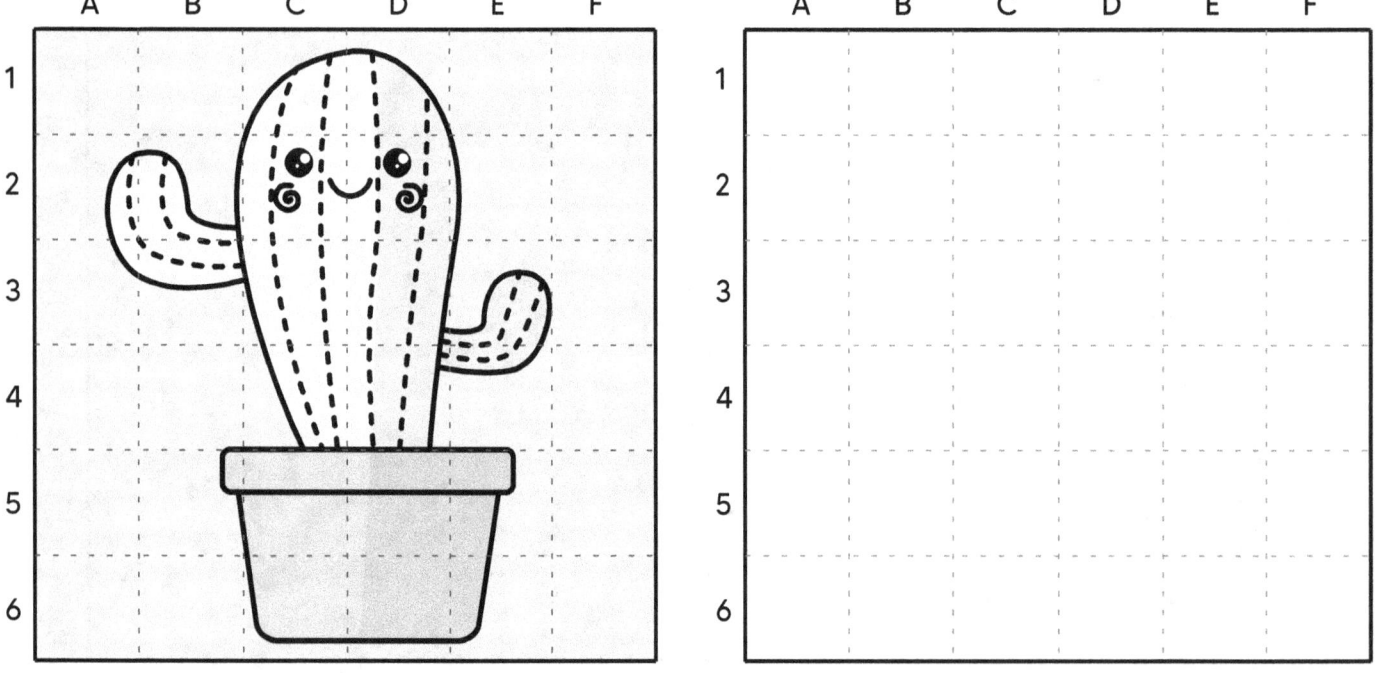

¡Bien hecho! Ya estás preparado para dibujarlo en una hoja en blanco

Soy muy popular en Halloween

CALABAZA

1 Sigue los pasos uniendo puntos

2

3

4 ¡Ahora a dibujar!
Copia el dibujo utilizando la cuadrícula

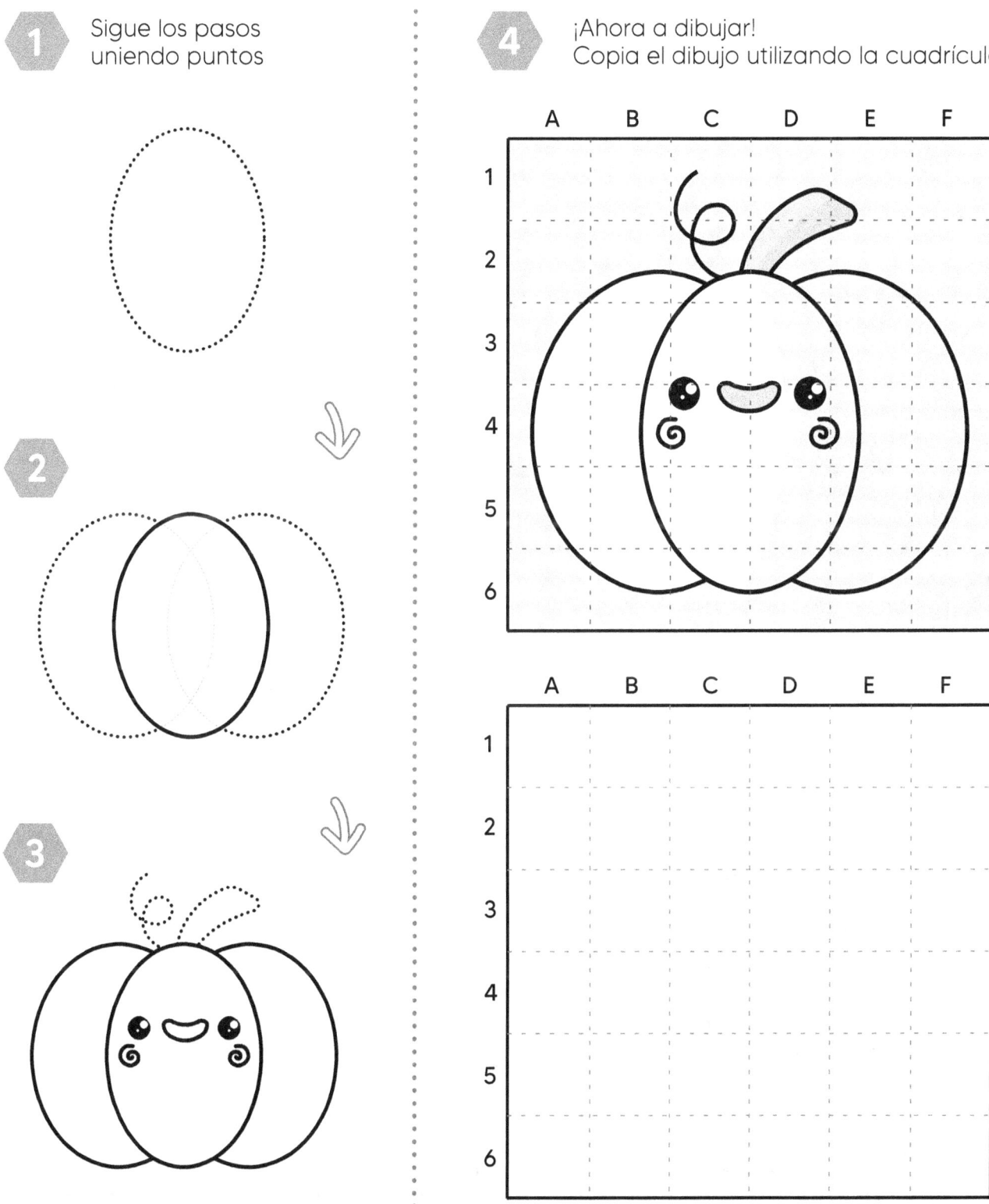

¡Bien hecho! Ya estás preparado para dibujarlo en una hoja en blanco

VELA

Puedo
ser muy
romántica

1 Sigue los pasos
uniendo puntos

2

3

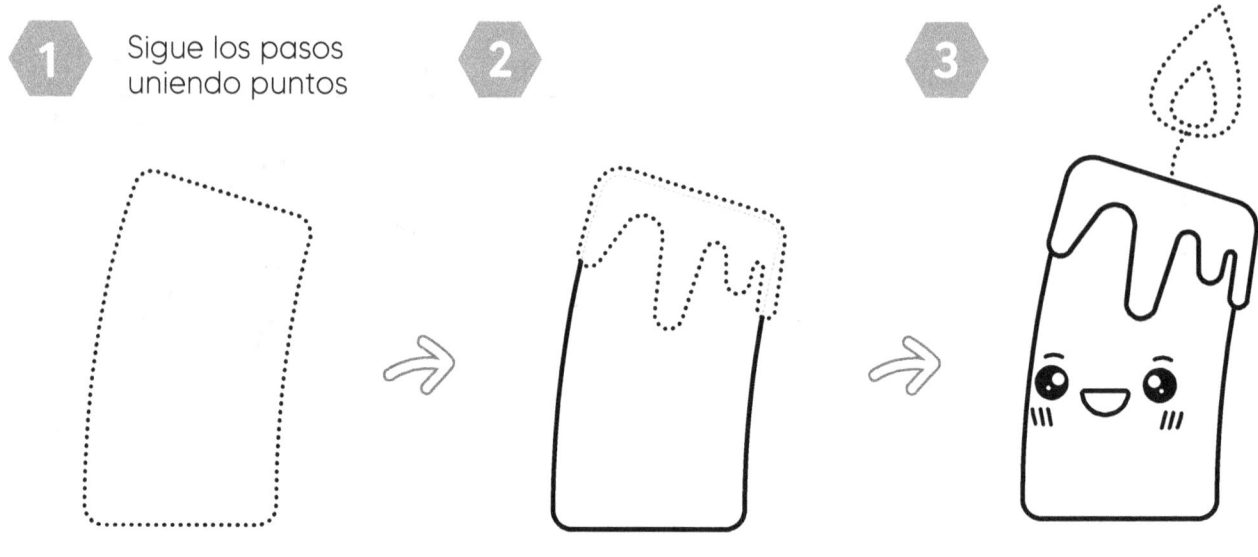

4 ¡Ahora a dibujar! Copia el dibujo utilizando la cuadrícula

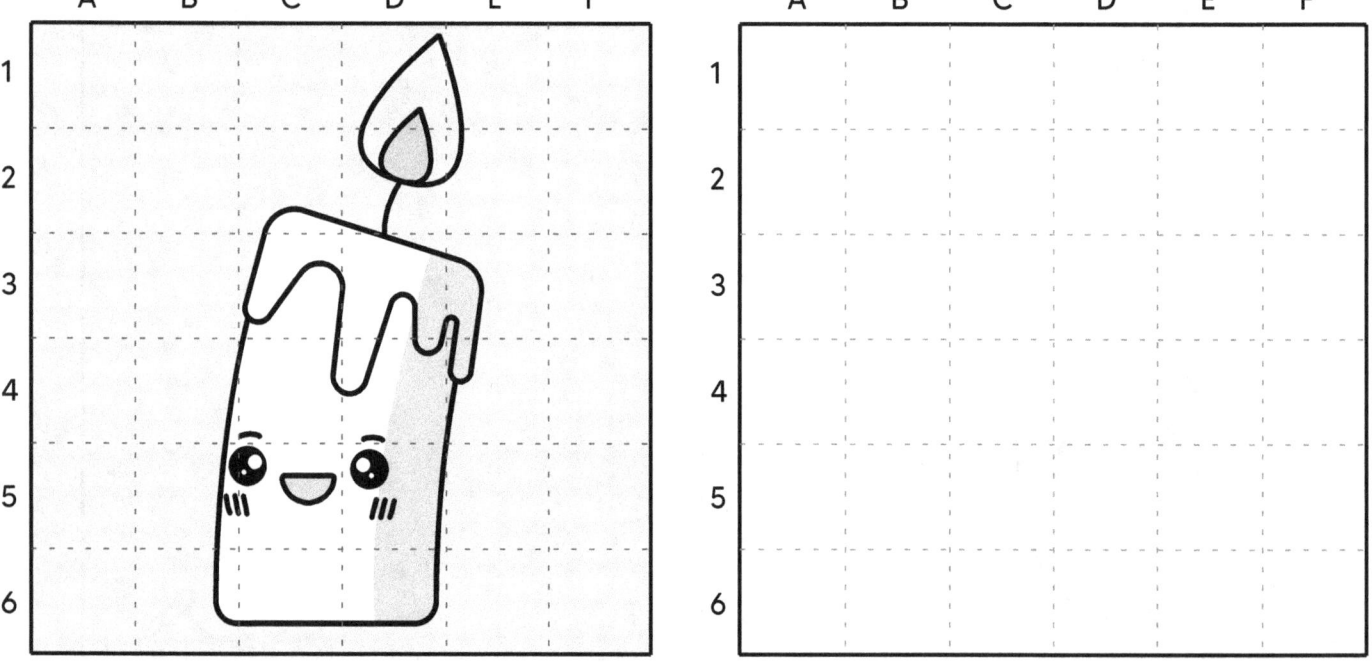

¡Bien hecho! Ya estás preparado para dibujarlo en una hoja en blanco

Soy fuerte y resistente

BURRO

1 Sigue los pasos uniendo puntos

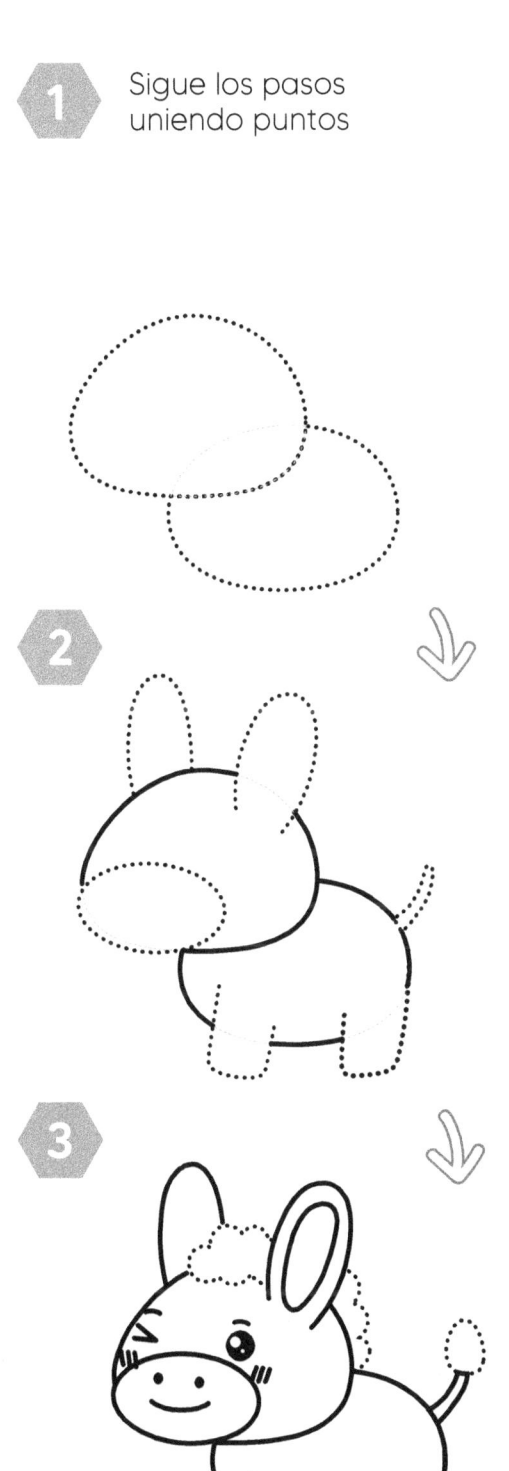

2

3

4 ¡Ahora a dibujar!
Copia el dibujo utilizando la cuadrícula

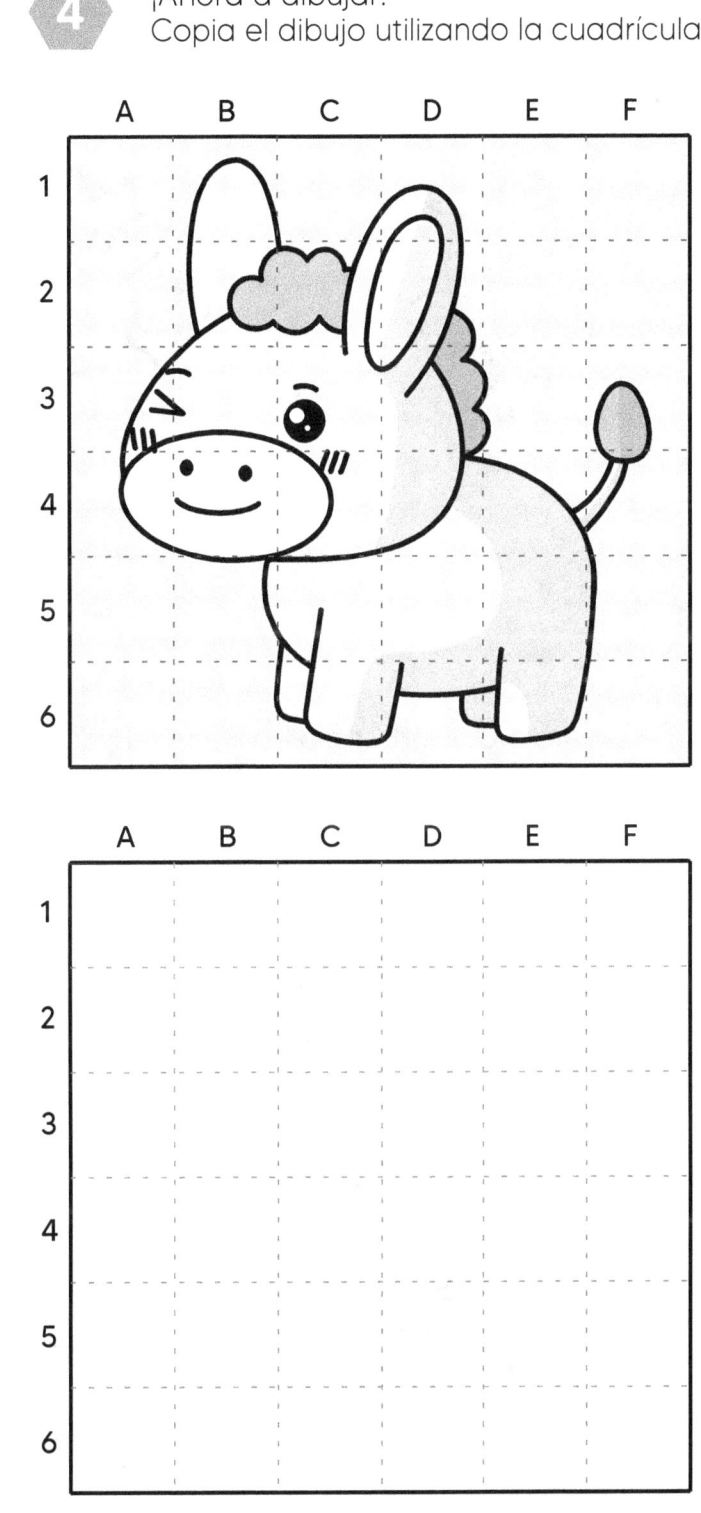

¡Bien hecho! Ya estás preparado para dibujarlo en una hoja en blanco

GIRASOL

Me despierto
cada mañana
con el sol

1 Sigue los pasos
uniendo puntos

2

3

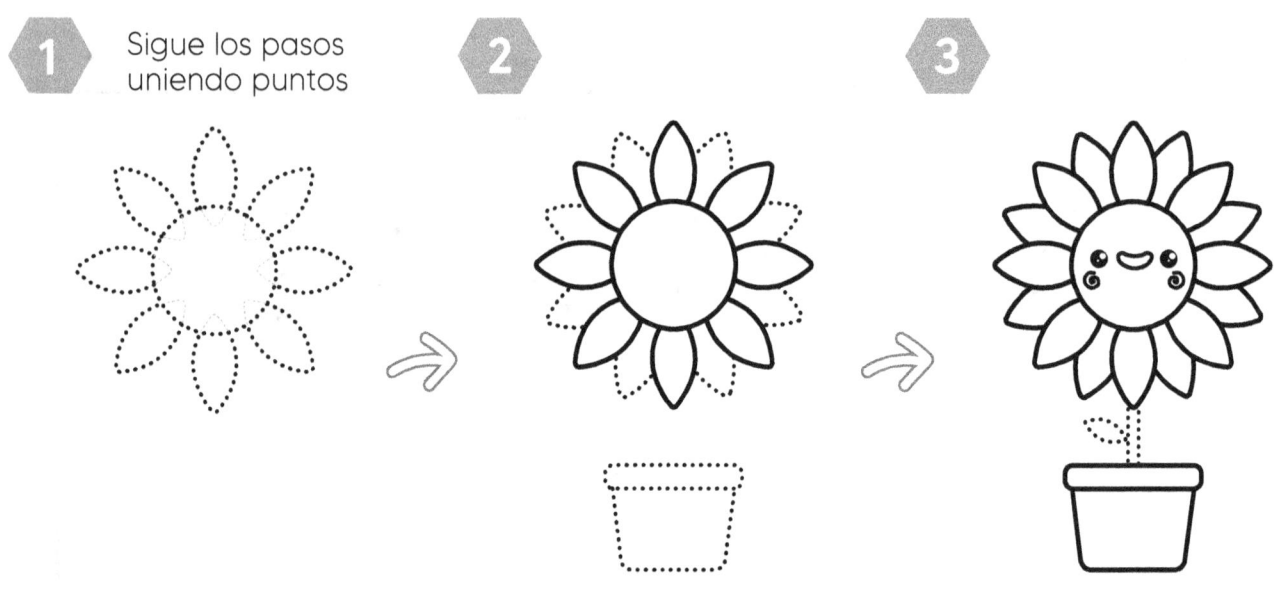

4 ¡Ahora a dibujar! Copia el dibujo utilizando la cuadrícula

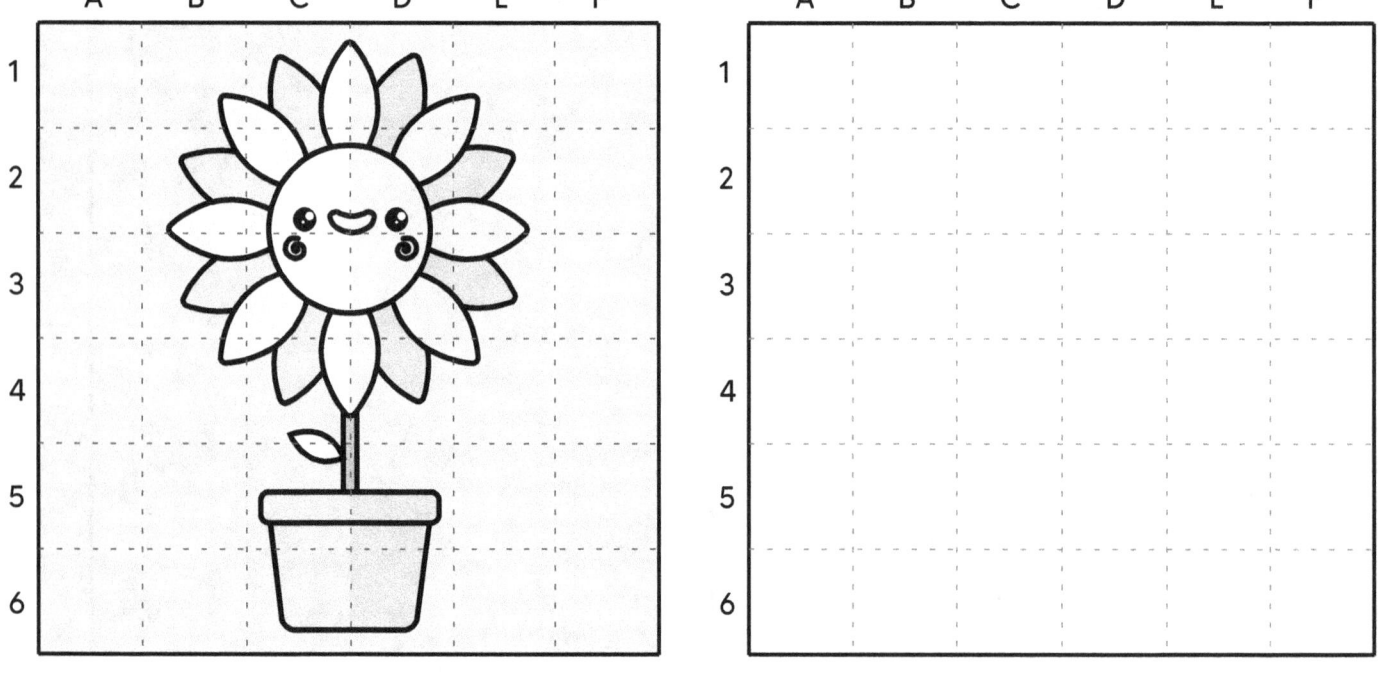

¡Bien hecho! Ya estás preparado para dibujarlo en una hoja en blanco

HELADO

1 Sigue los pasos
uniendo puntos

4 ¡Ahora a dibujar!
Copia el dibujo utilizando la cuadrícula

2

3

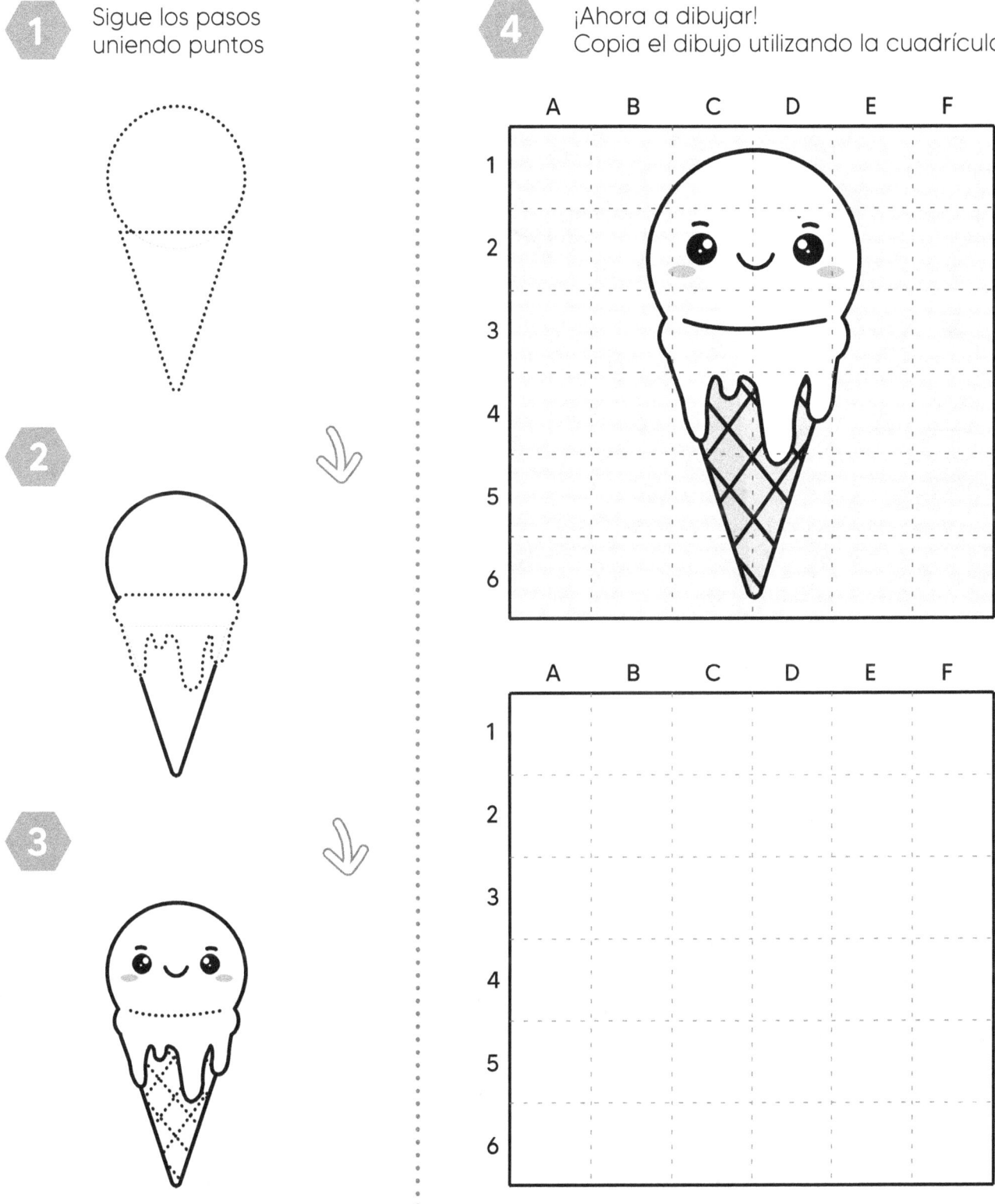

¡Bien hecho! Ya estás preparado para dibujarlo en una hoja en blanco

ARDILLA

Tengo
una cola
enorme

1 Sigue los pasos uniendo puntos

2

3

4 ¡Ahora a dibujar! Copia el dibujo utilizando la cuadrícula

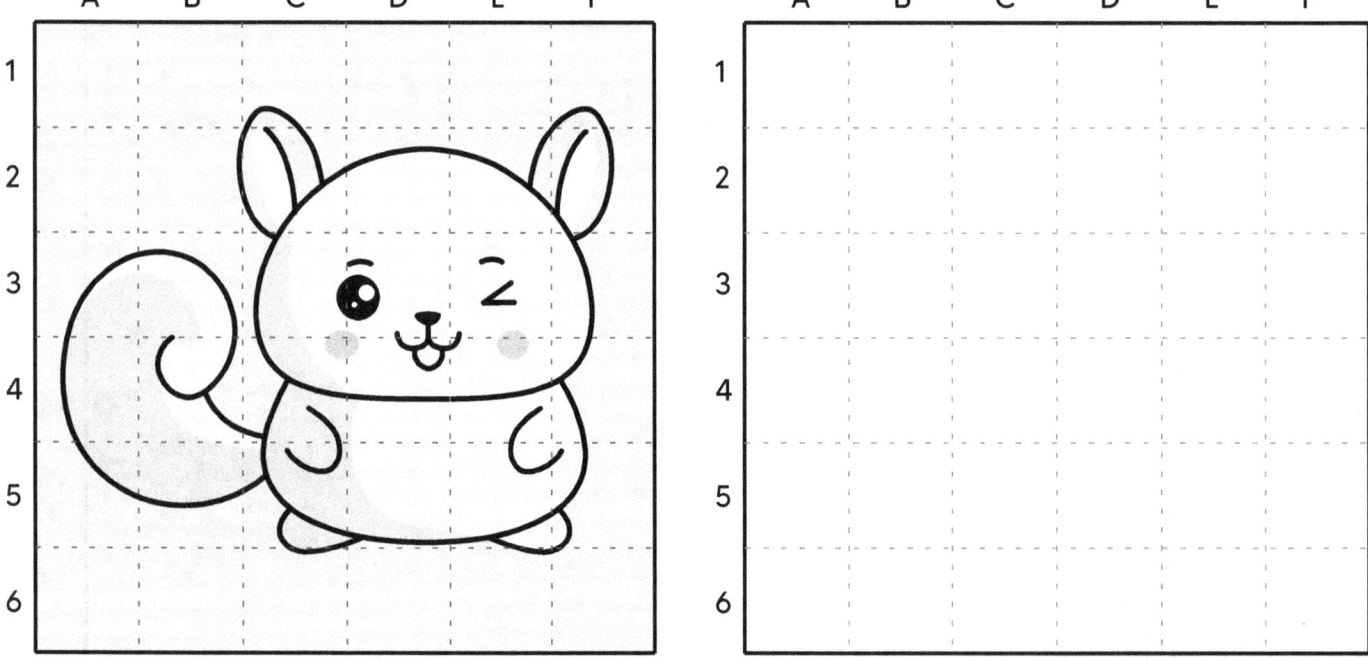

¡Bien hecho! Ya estás preparado para dibujarlo en una hoja en blanco

Tengo pepitas de chocolate

GALLETA

1 Sigue los pasos uniendo puntos

4 ¡Ahora a dibujar!
Copia el dibujo utilizando la cuadrícula

2

3

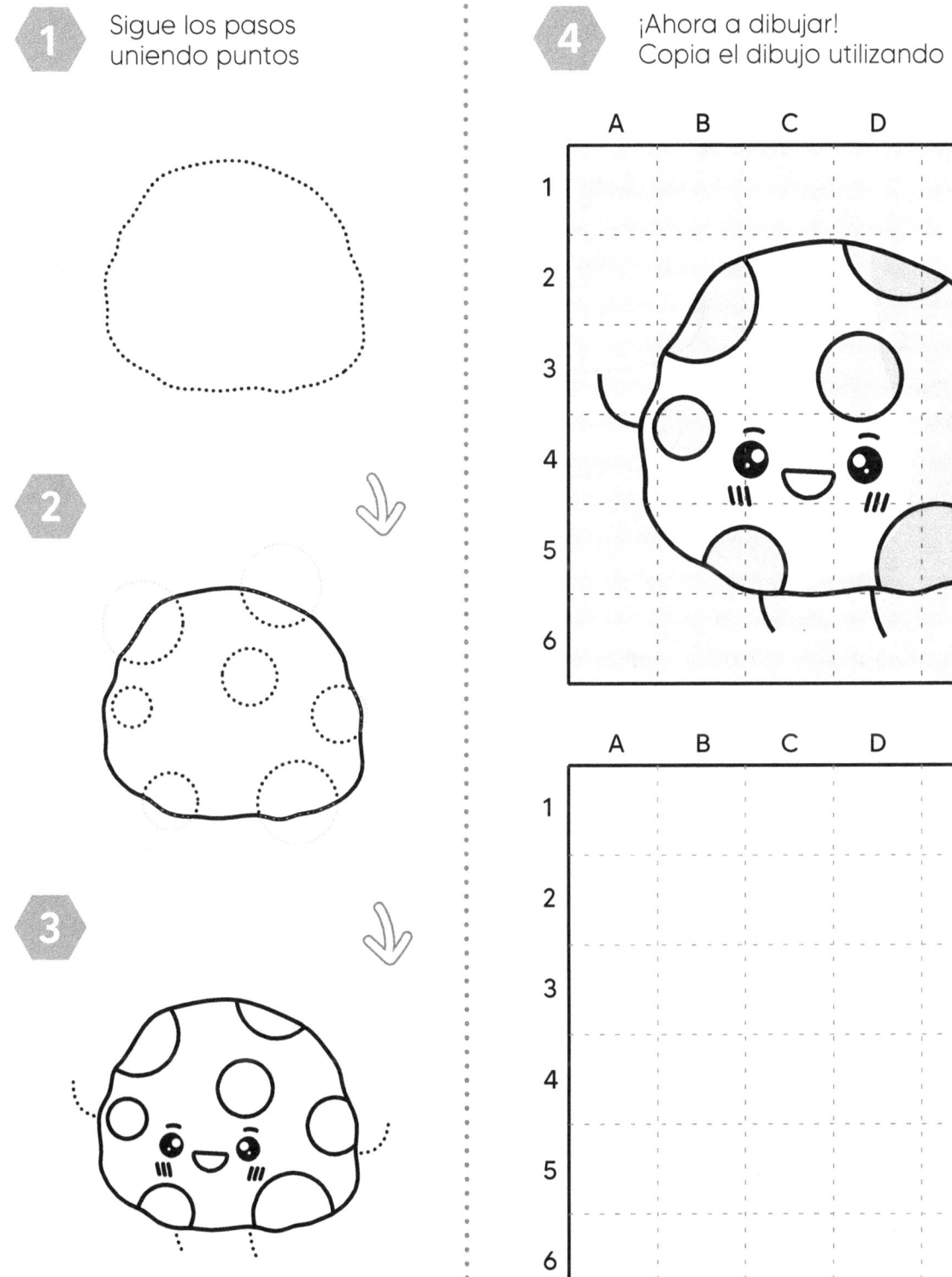

¡Bien hecho! Ya estás preparado para dibujarlo en una hoja en blanco

PINGÜINO

1 Sigue los pasos uniendo puntos

2

3

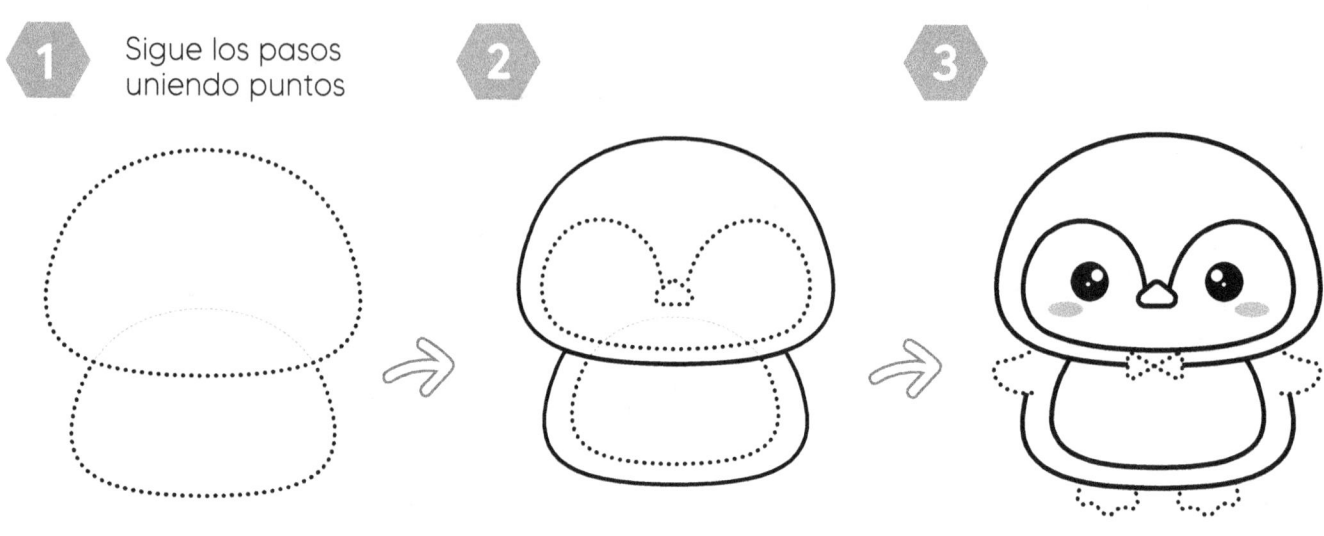

4 ¡Ahora a dibujar! Copia el dibujo utilizando la cuadrícula

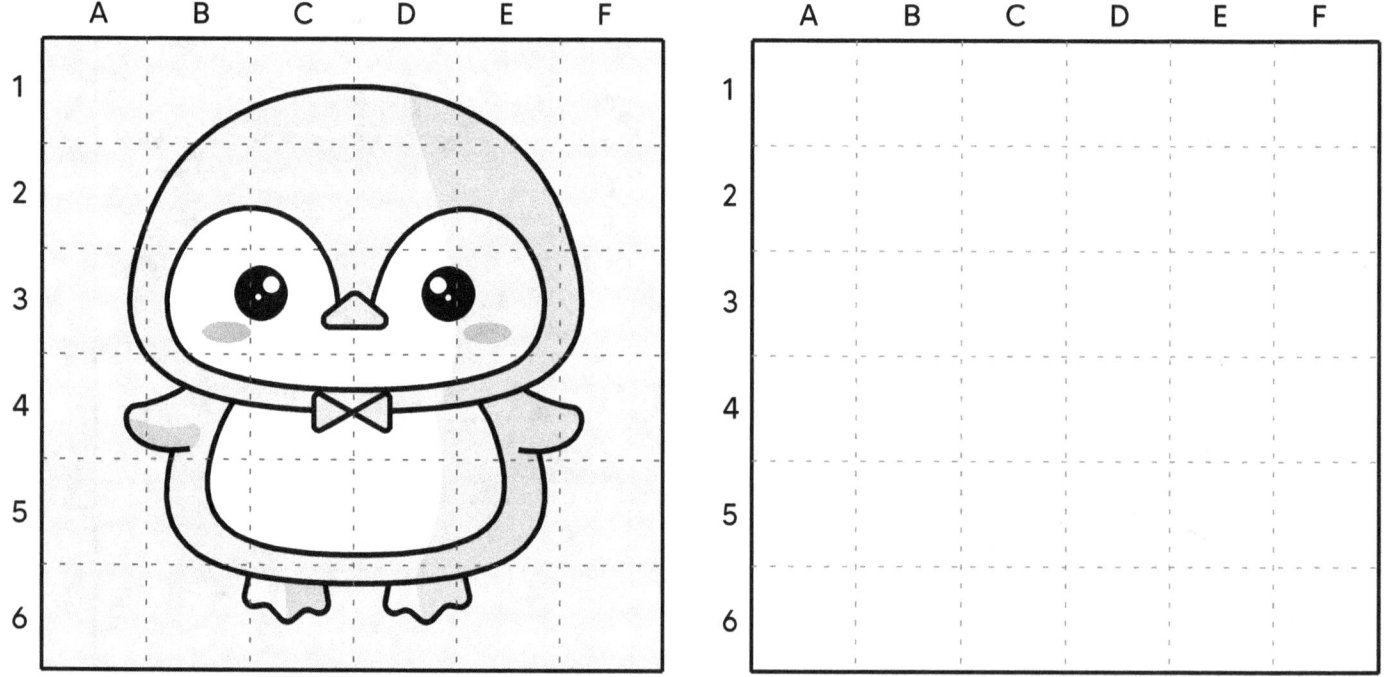

¡Bien hecho! Ya estás preparado para dibujarlo en una hoja en blanco

Los días
pasan muy
rápido

CALENDARIO

1 Sigue los pasos
uniendo puntos

2

3

4 ¡Ahora a dibujar!
Copia el dibujo utilizando la cuadrícula

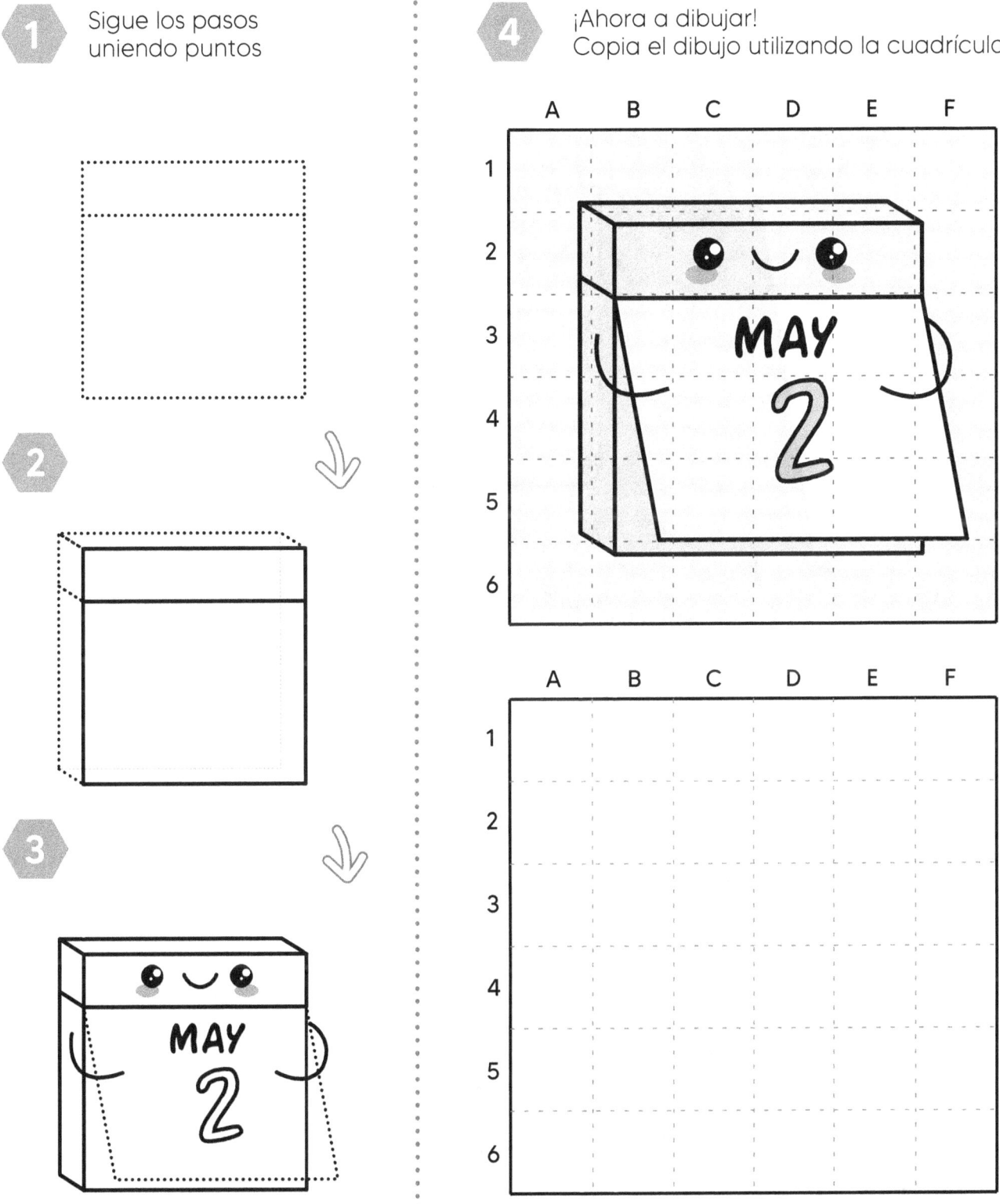

¡Bien hecho! Ya estás preparado para dibujarlo en una hoja en blanco

CHOCOLATE

1 Sigue los pasos
uniendo puntos **2**   **3**

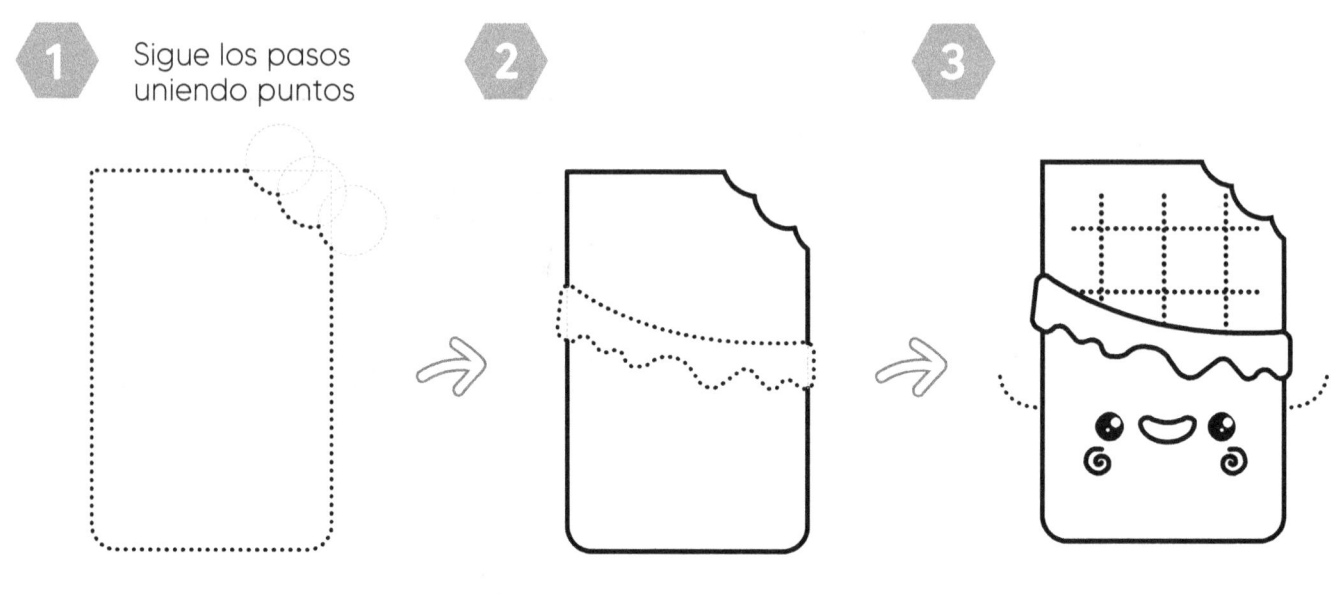

4 ¡Ahora a dibujar! Copia el dibujo utilizando la cuadrícula

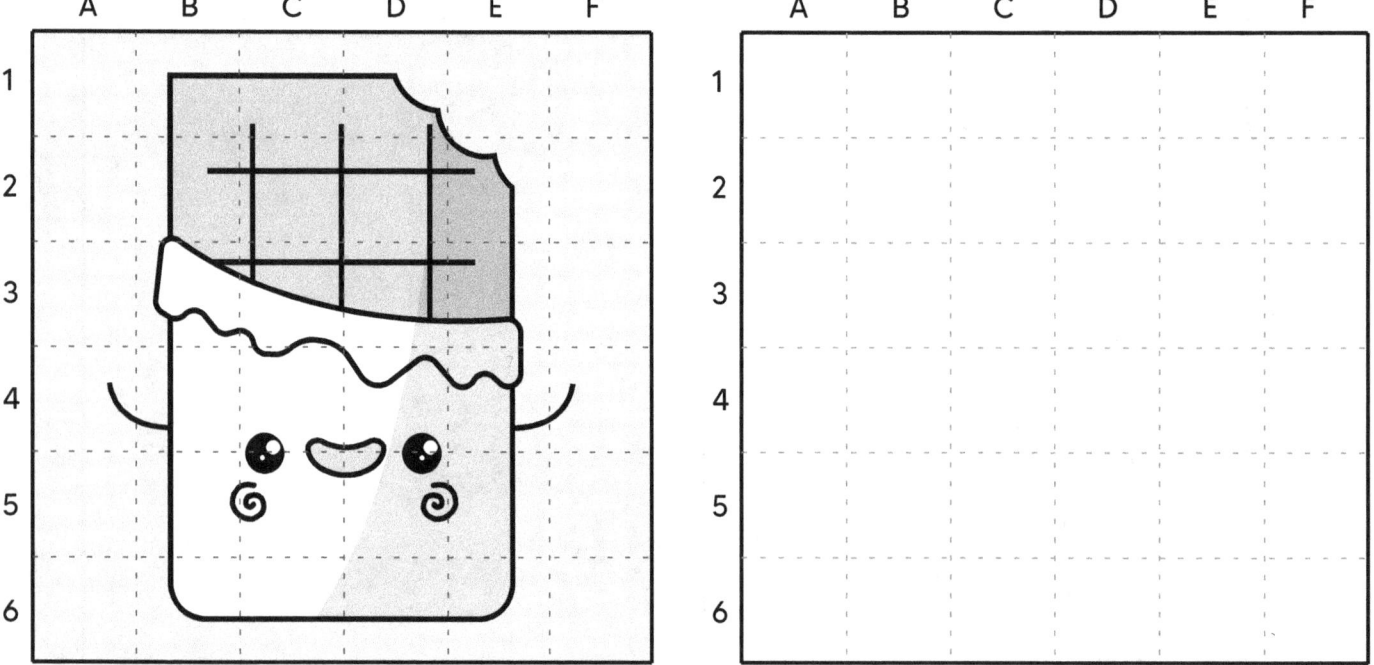

¡Bien hecho! Ya estás preparado para dibujarlo en una hoja en blanco

Mi pico es enorme y multicolor

TUCÁN

1 Sigue los pasos uniendo puntos

2

3

4 ¡Ahora a dibujar!
Copia el dibujo utilizando la cuadrícula

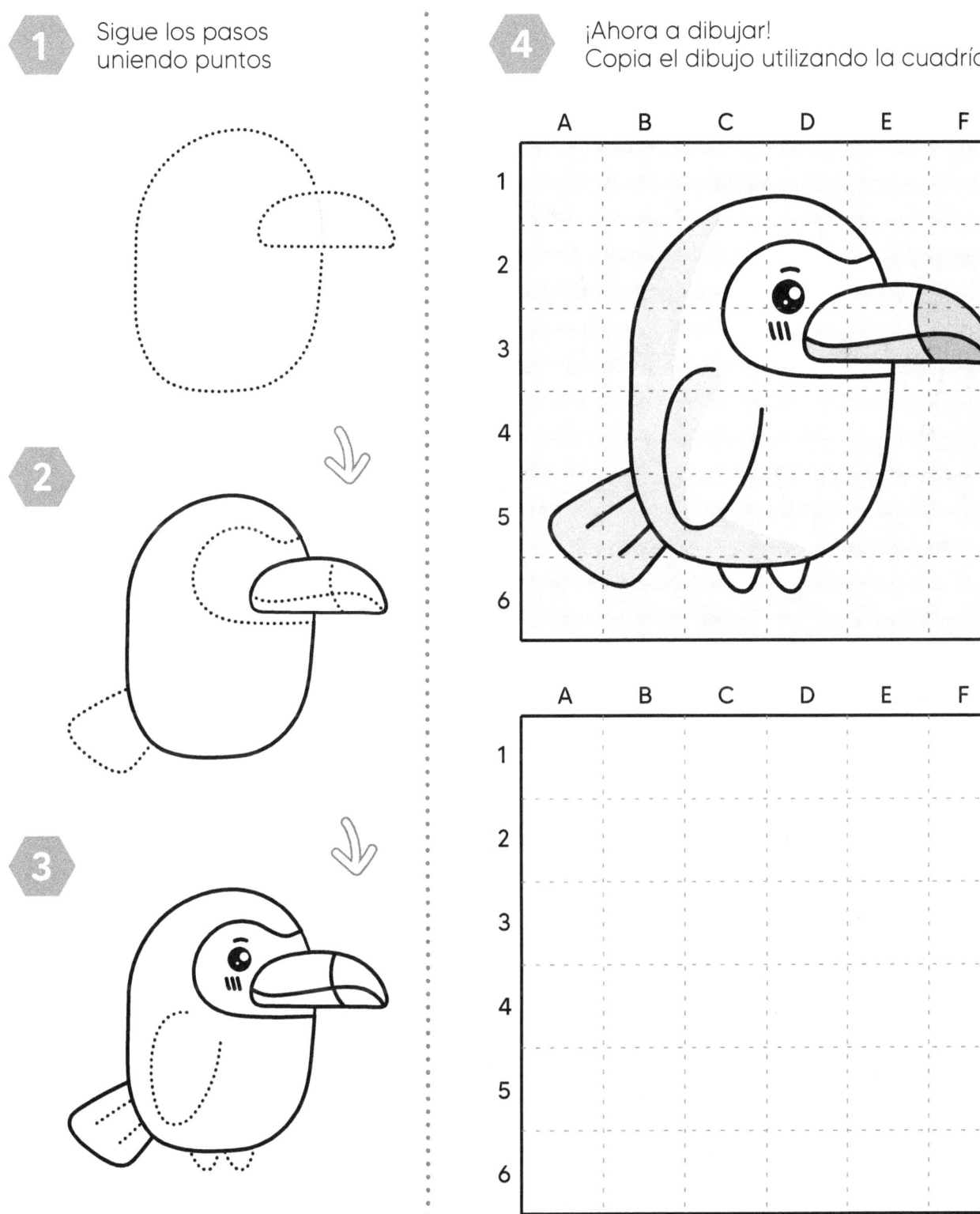

¡Bien hecho! Ya estás preparado para dibujarlo en una hoja en blanco

PLÁTANO

Mi cáscara
es resbaladiza

1 Sigue los pasos
uniendo puntos

2

3

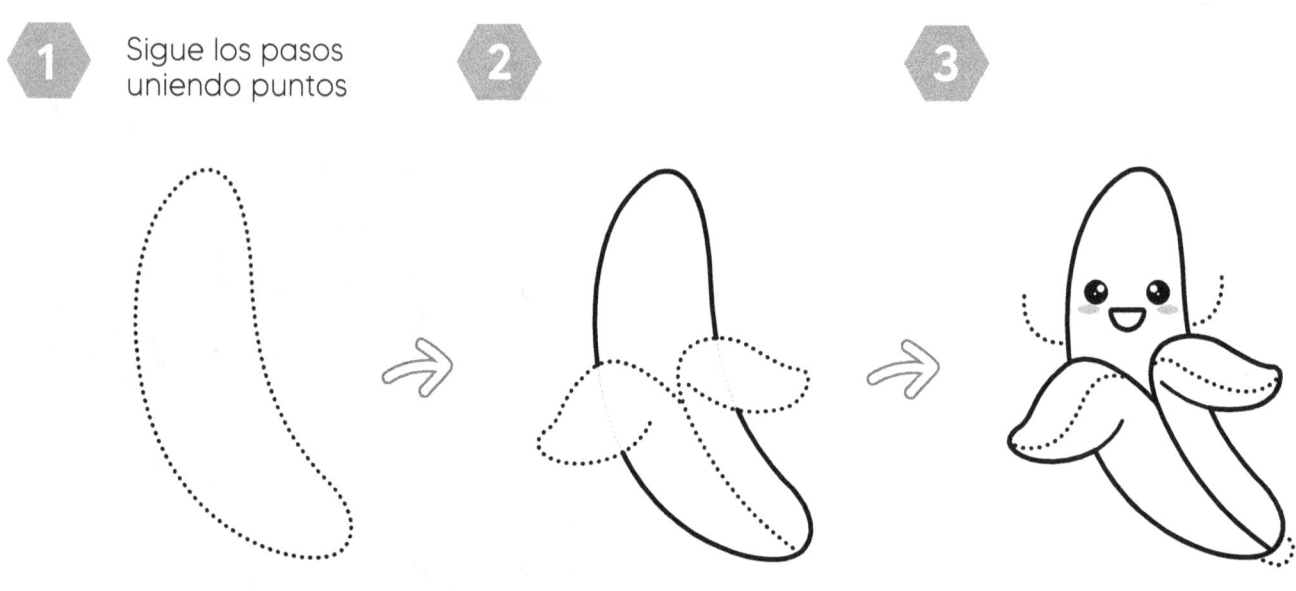

4 ¡Ahora a dibujar! Copia el dibujo utilizando la cuadrícula

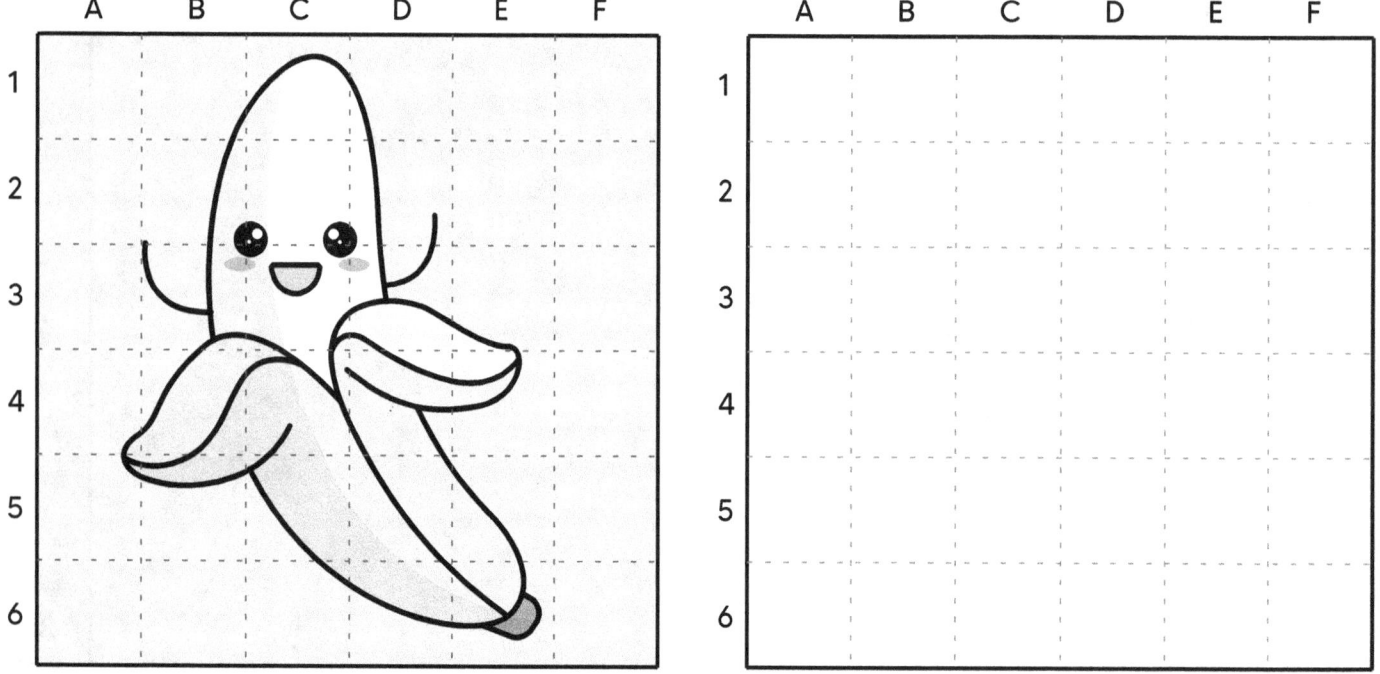

¡Bien hecho! Ya estás preparado para dibujarlo en una hoja en blanco

Tengo
una cola
muy fuerte

DELFÍN

1 Sigue los pasos
uniendo puntos

2

3

4 ¡Ahora a dibujar!
Copia el dibujo utilizando la cuadrícula

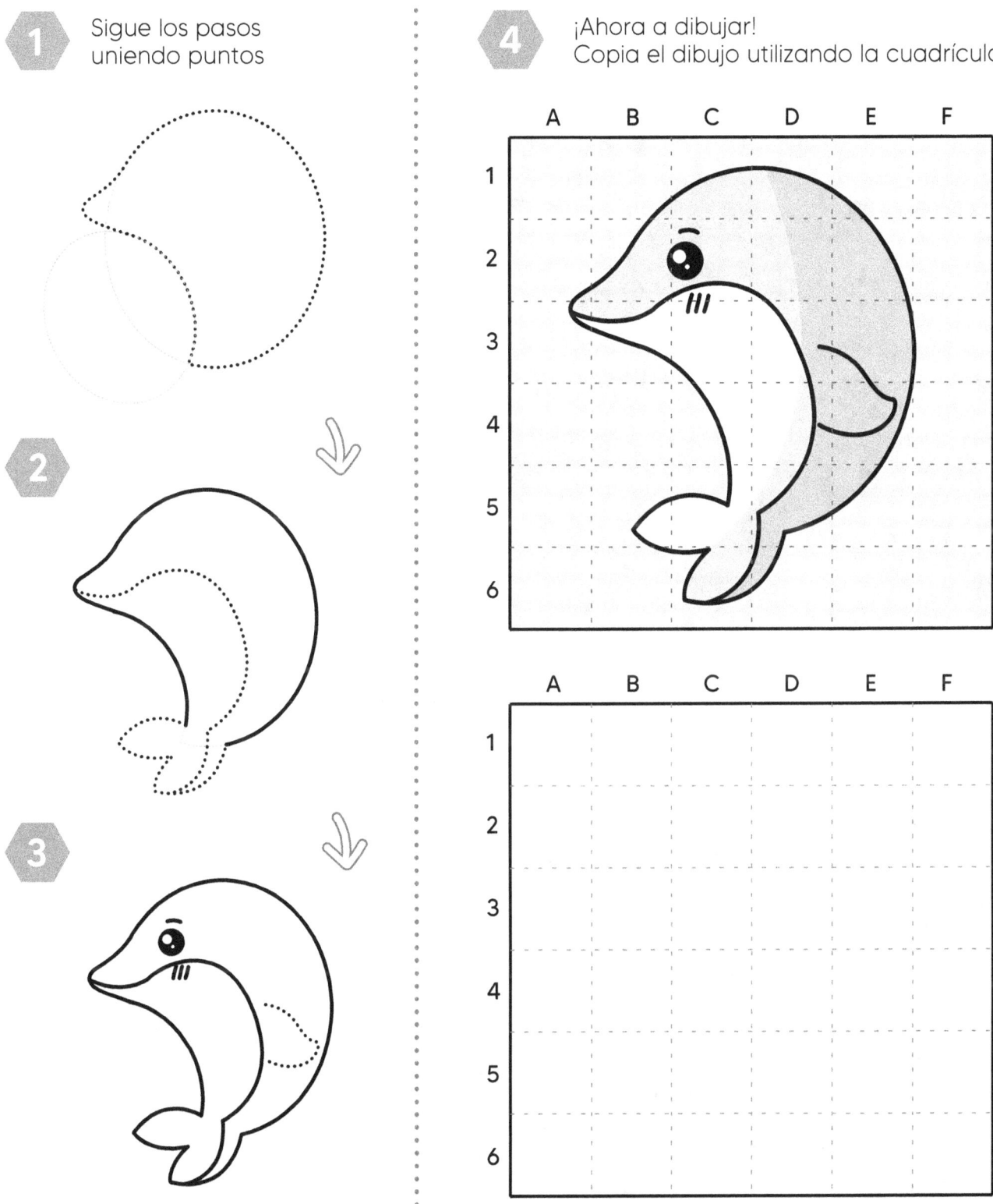

¡Bien hecho! Ya estás preparado para dibujarlo en una hoja en blanco

RELOJ

Te indico
la hora

1 Sigue los pasos
uniendo puntos

2

3

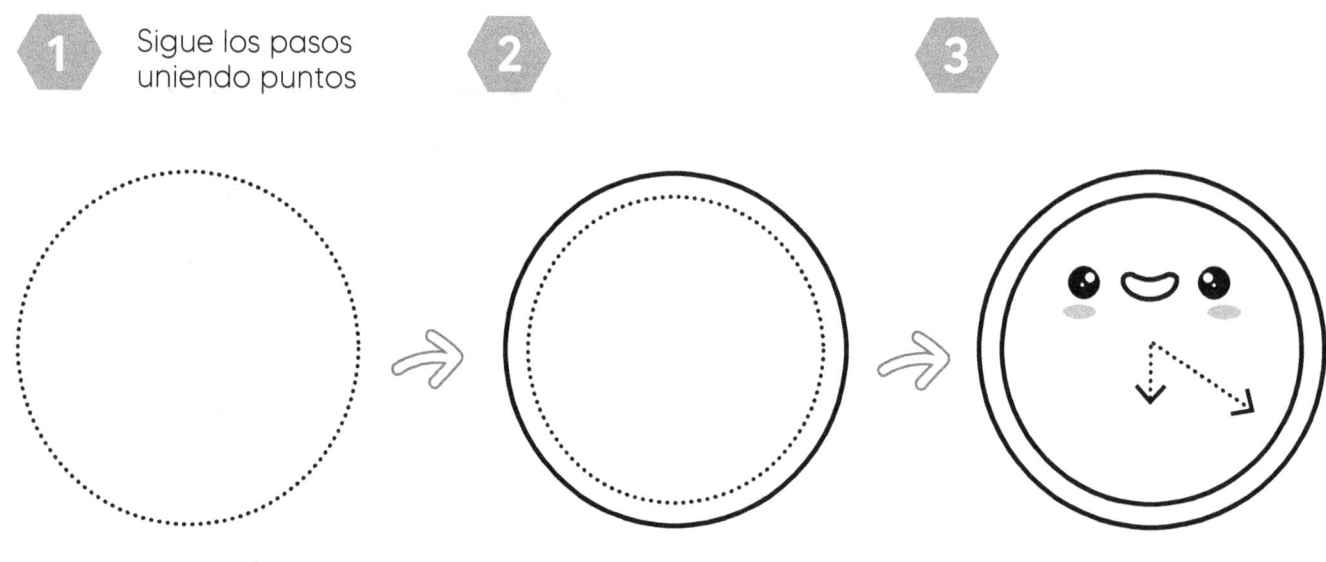

4 ¡Ahora a dibujar! Copia el dibujo utilizando la cuadrícula

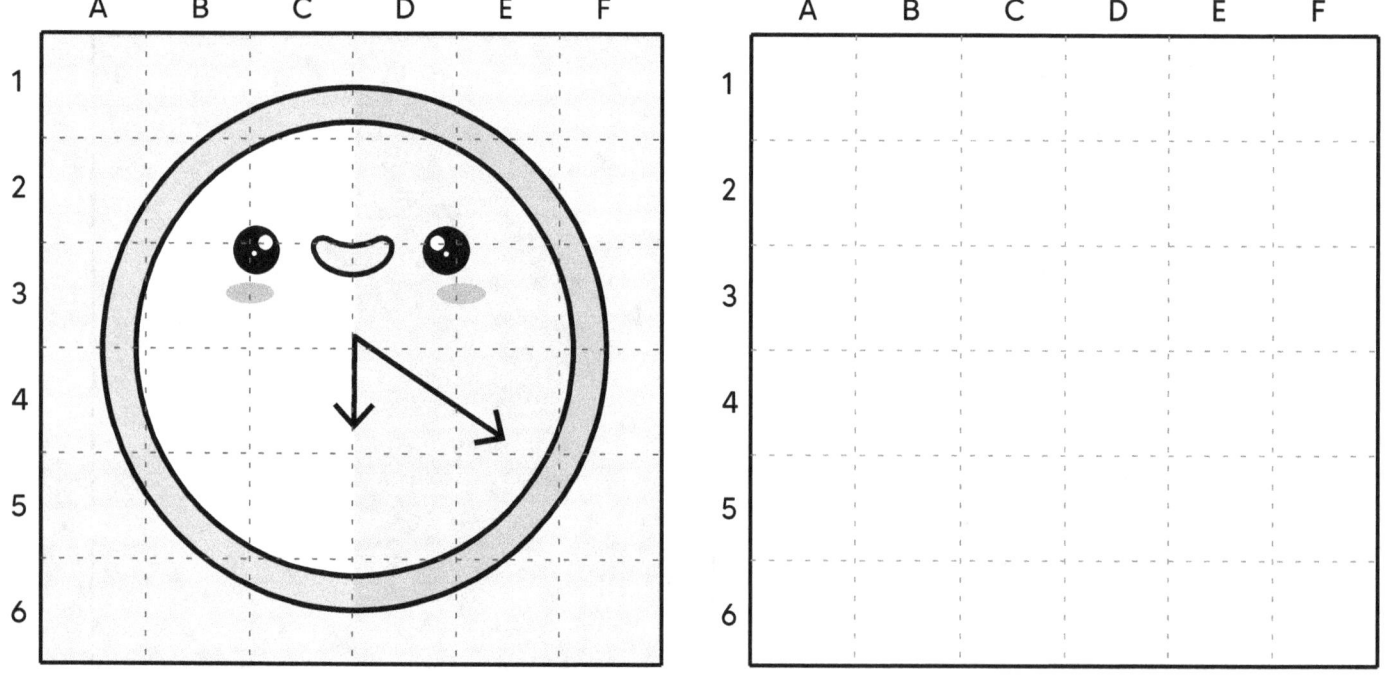

¡Bien hecho! Ya estás preparado para dibujarlo en una hoja en blanco

Entro en los agujeros más pequeños

HÁMSTER

1 Sigue los pasos uniendo puntos

2

3

4 ¡Ahora a dibujar!
Copia el dibujo utilizando la cuadrícula

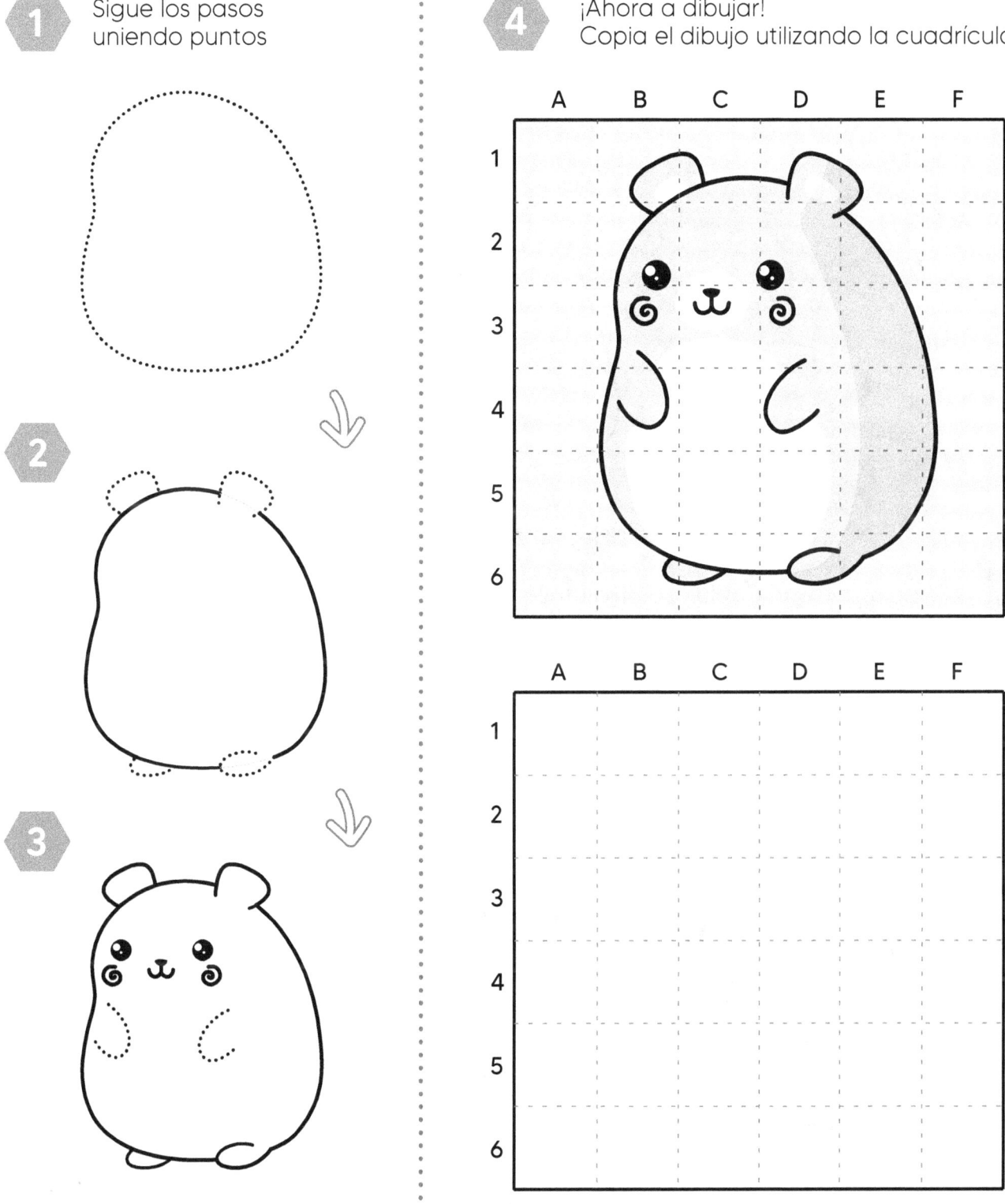

¡Bien hecho! Ya estás preparado para dibujarlo en una hoja en blanco

SETA

Algunas somos
ricas... otras
venenosas

1 Sigue los pasos
uniendo puntos

2

3

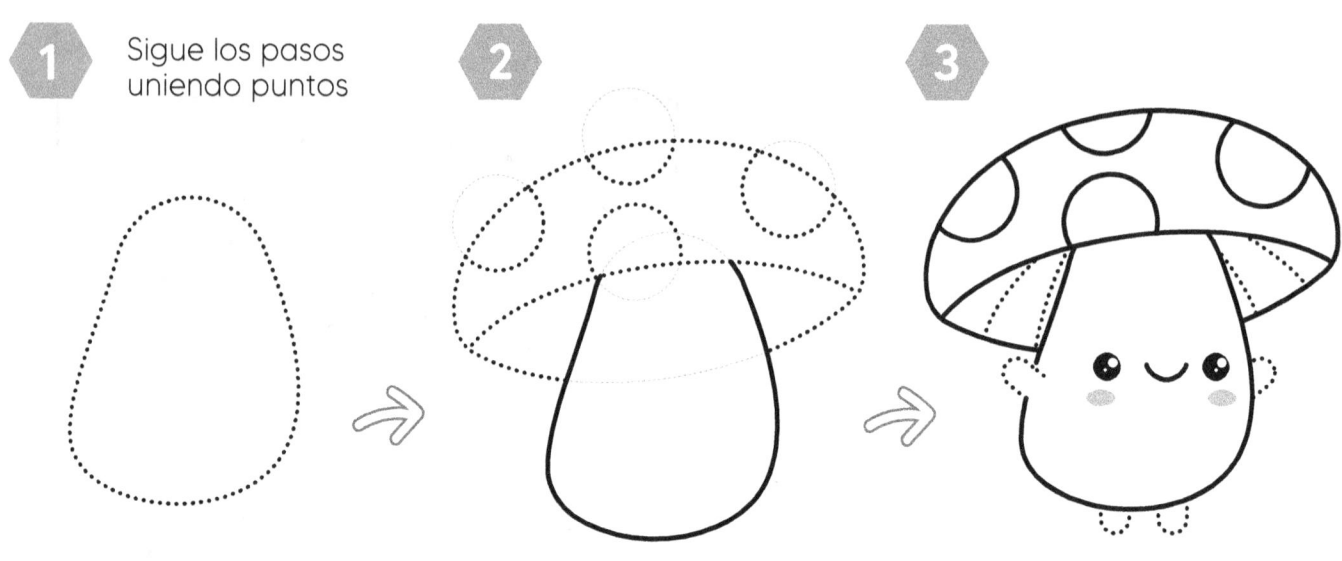

4 ¡Ahora a dibujar! Copia el dibujo utilizando la cuadrícula

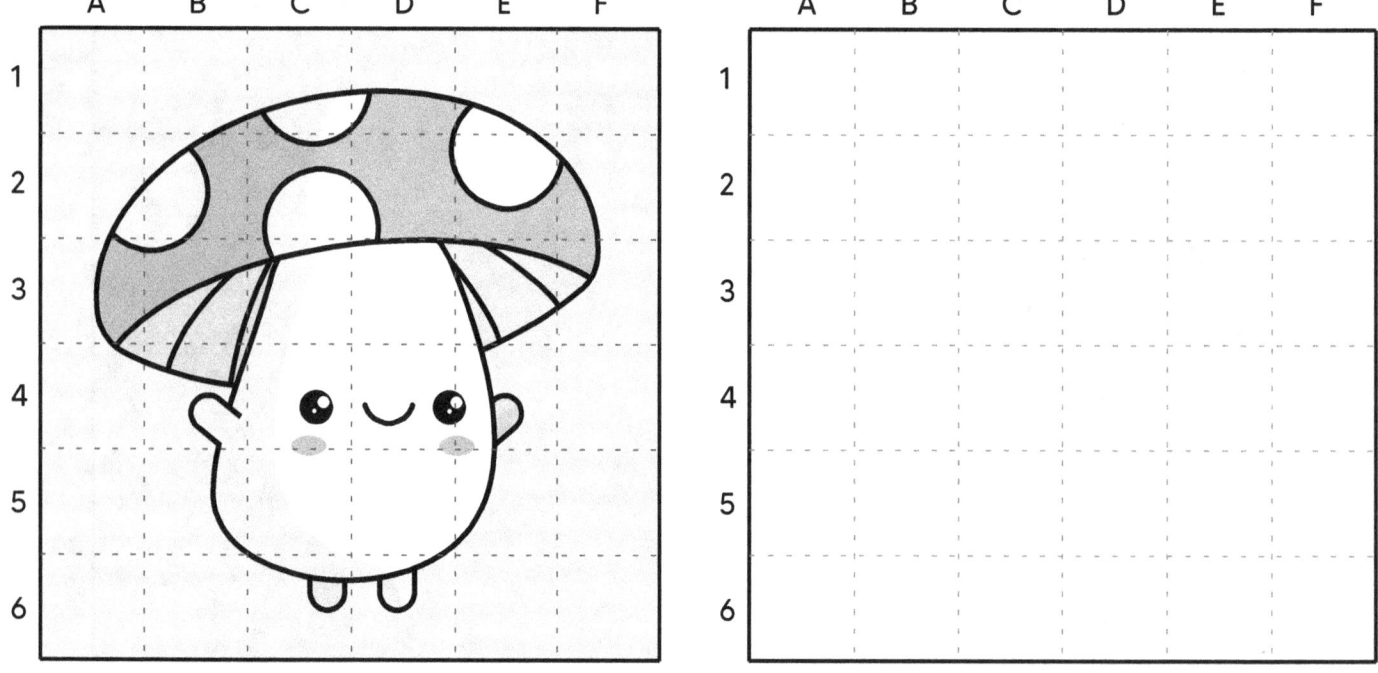

¡Bien hecho! Ya estás preparado para dibujarlo en una hoja en blanco

Estoy
relleno de
plumas

COJÍN

1 Sigue los pasos
uniendo puntos

2

3

4 ¡Ahora a dibujar!
Copia el dibujo utilizando la cuadrícula

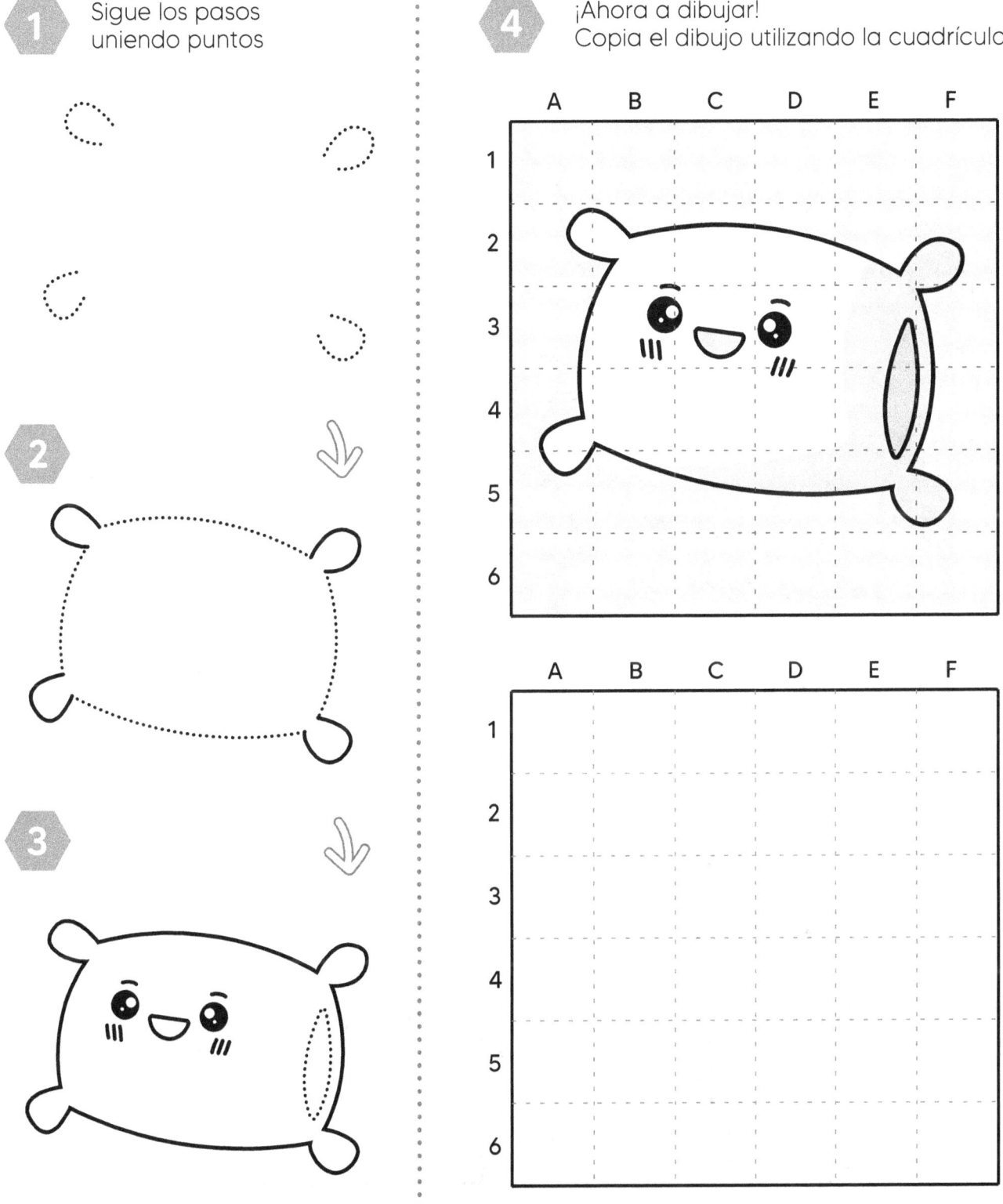

¡Bien hecho! Ya estás preparado para dibujarlo en una hoja en blanco

CALAMAR

Tengo muchos tentáculos

1 Sigue los pasos uniendo puntos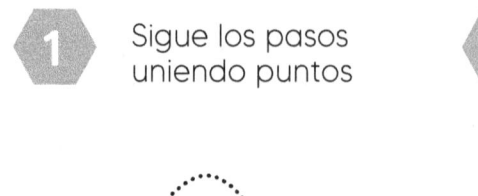

2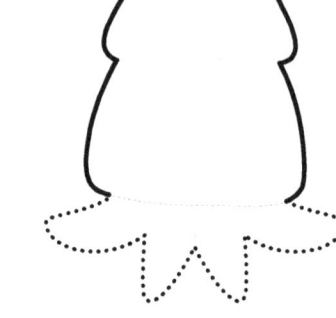

3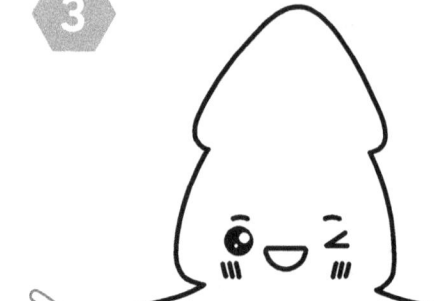

4 ¡Ahora a dibujar! Copia el dibujo utilizando la cuadrícula

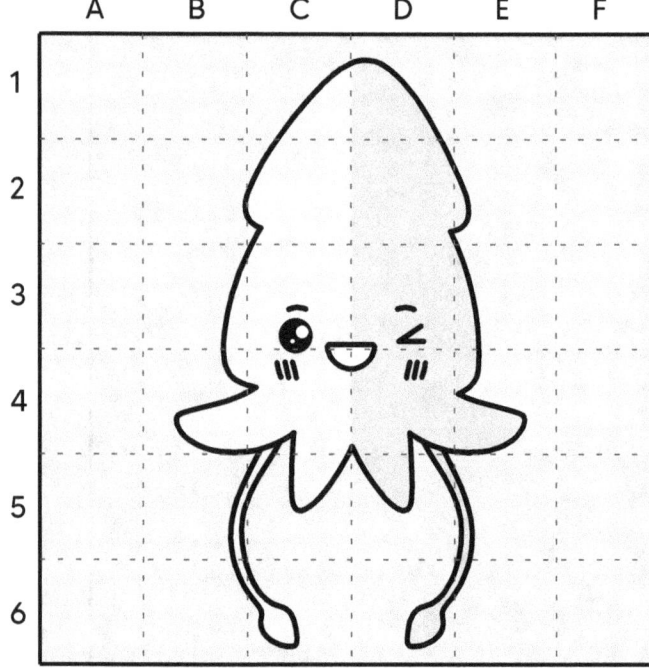

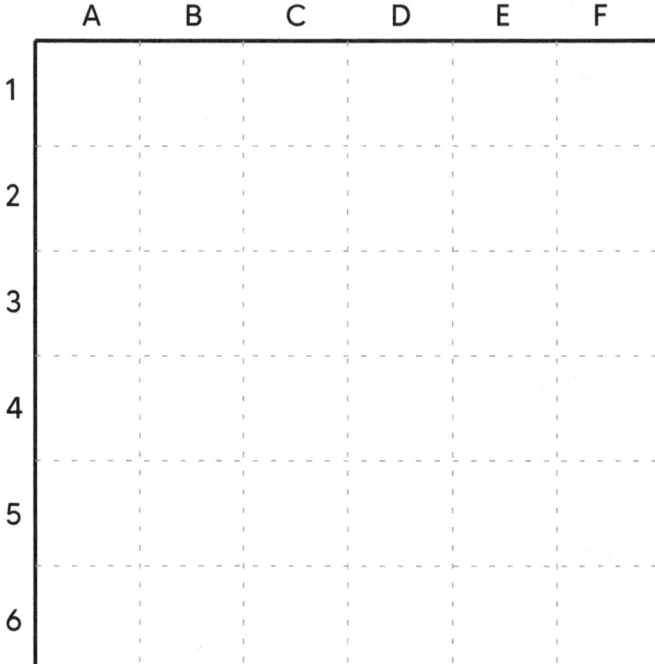

¡Bien hecho! Ya estás preparado para dibujarlo en una hoja en blanco

La primavera
es mi estación
favorita

PLANTA

1 Sigue los pasos uniendo puntos

4 ¡Ahora a dibujar!
Copia el dibujo utilizando la cuadrícula

2

3

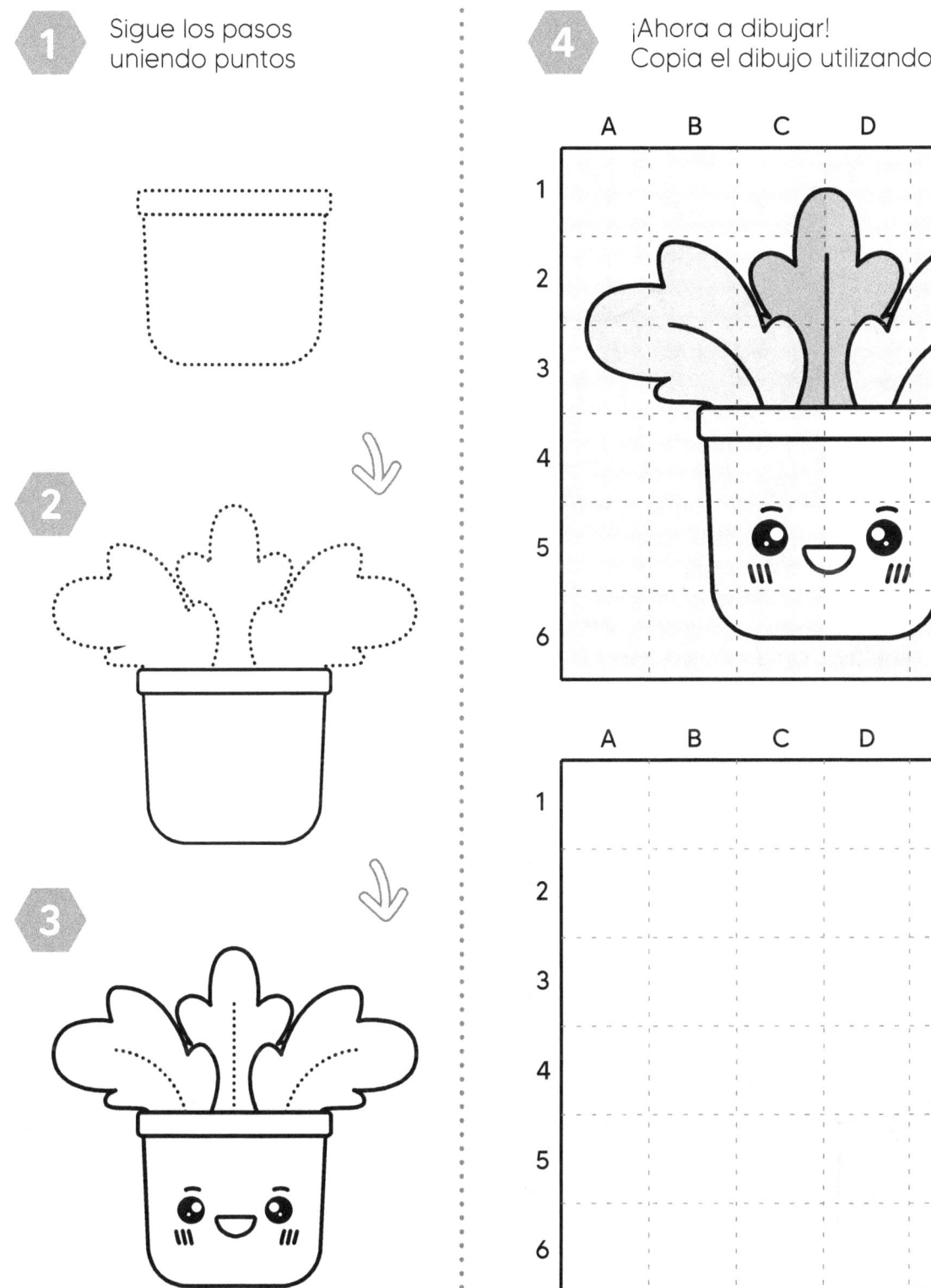

¡Bien hecho! Ya estás preparado para dibujarlo en una hoja en blanco

FLAMENCO

Soy rosa porque como muchas gambas

1 Sigue los pasos uniendo puntos

2

3

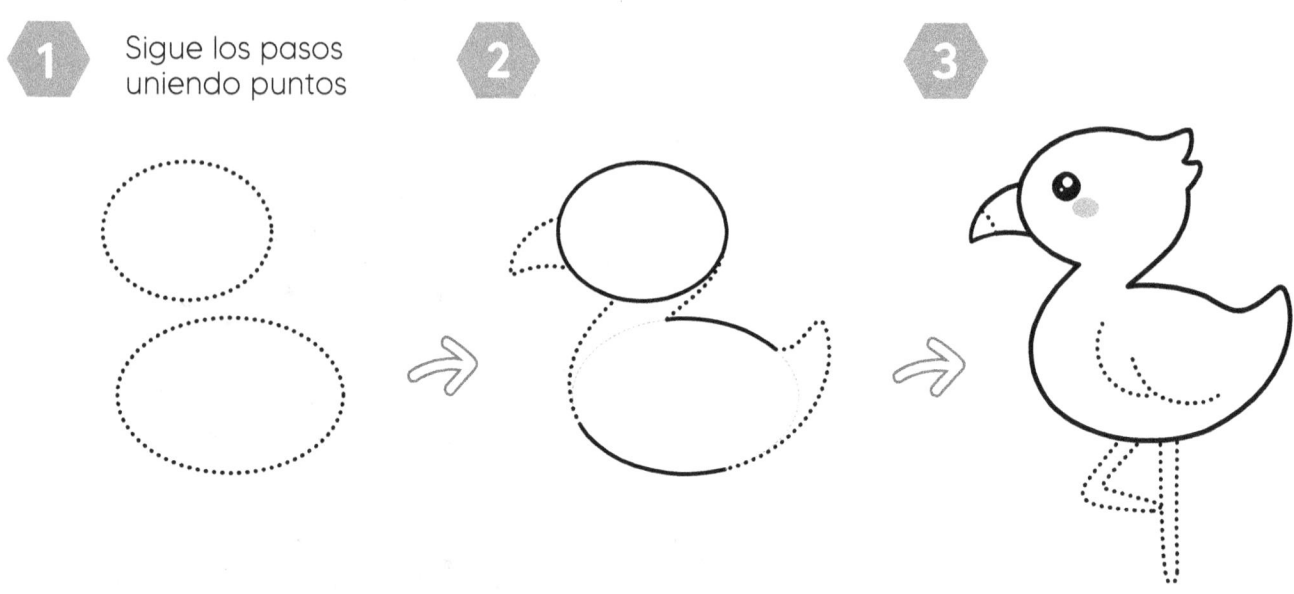

4 ¡Ahora a dibujar! Copia el dibujo utilizando la cuadrícula

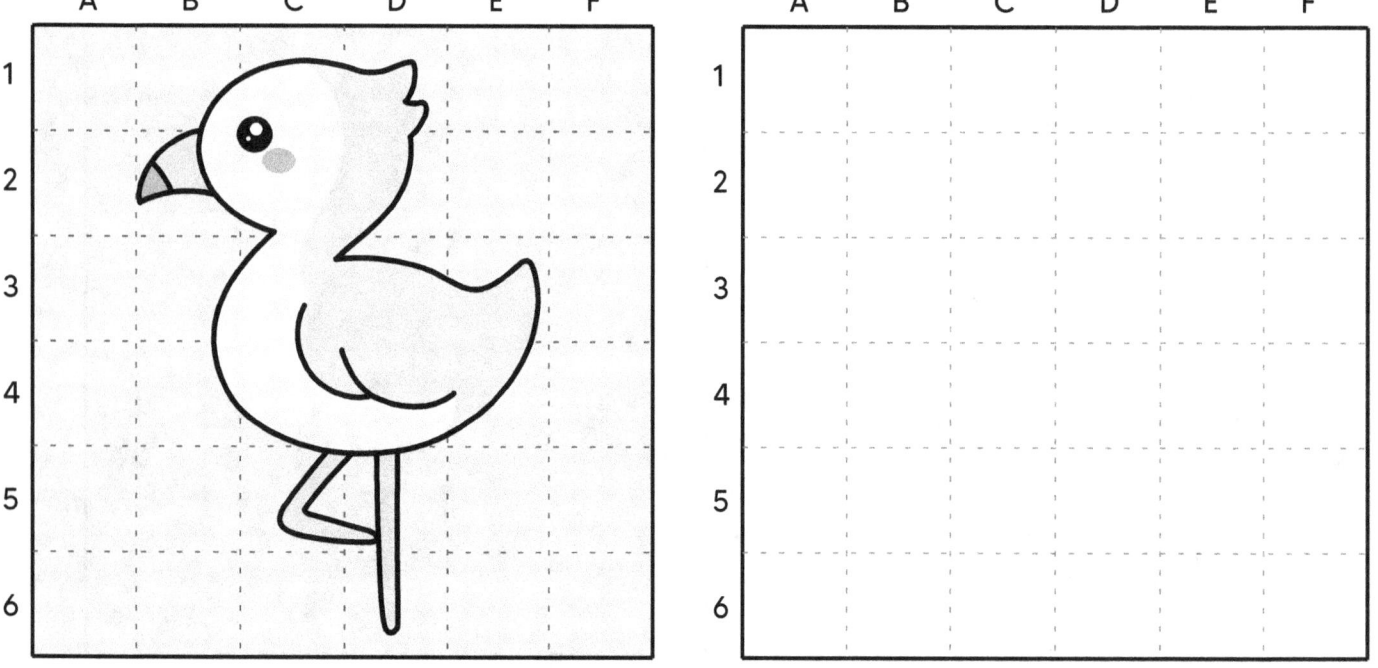

¡Bien hecho! Ya estás preparado para dibujarlo en una hoja en blanco

Tengo éxito
en cualquier
celebración

PASTEL

1 Sigue los pasos
uniendo puntos

2

3

4 ¡Ahora a dibujar!
Copia el dibujo utilizando la cuadrícula

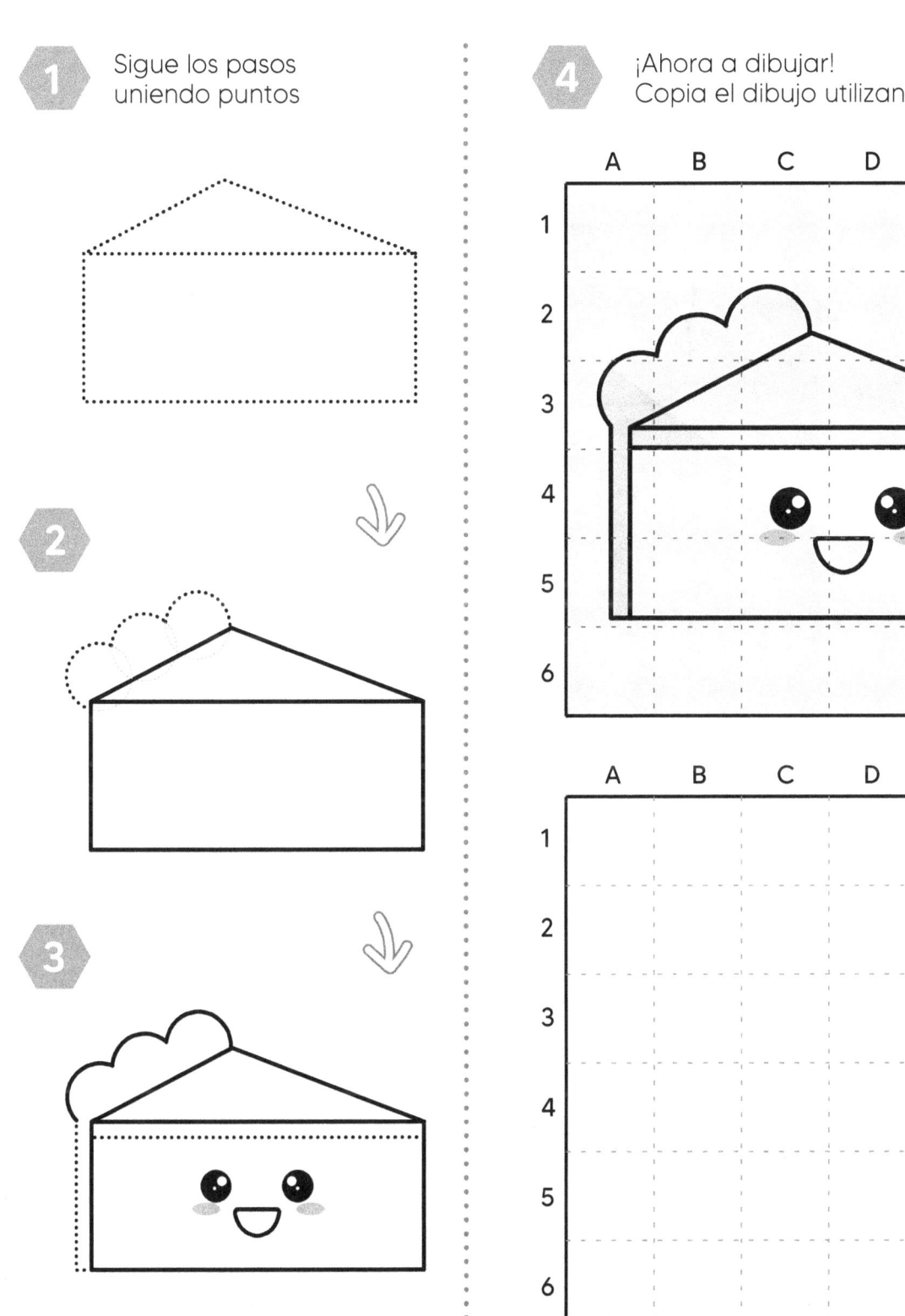

GATO

Mis bigotes
se mueven

1 Sigue los pasos
uniendo puntos

2

3

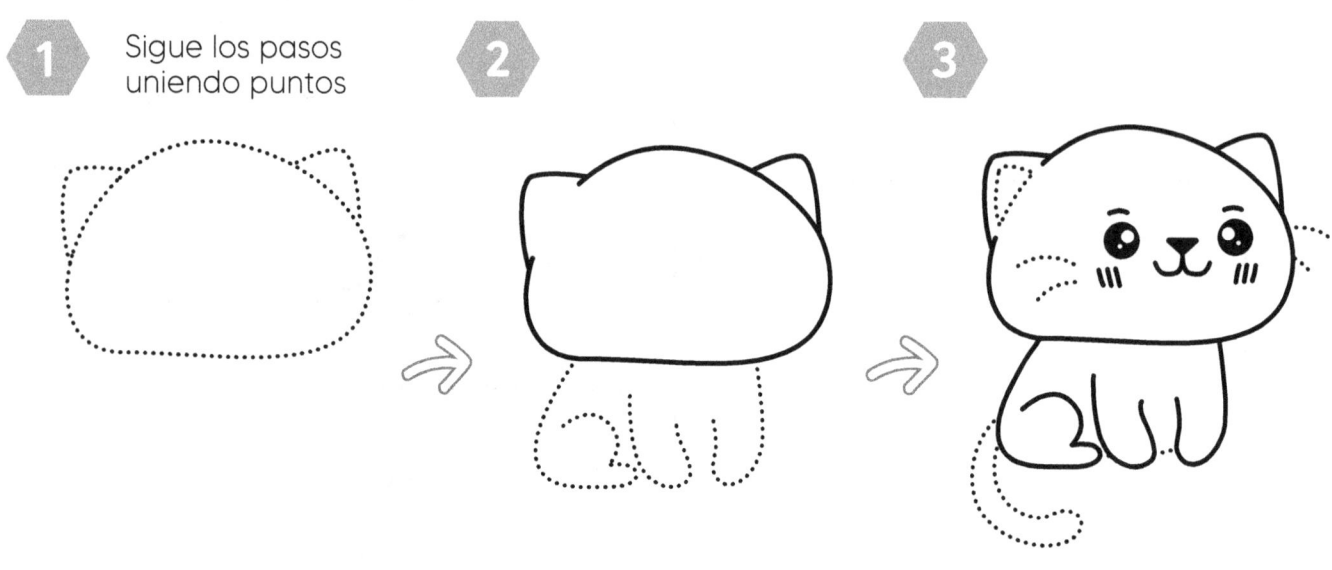

4 ¡Ahora a dibujar! Copia el dibujo utilizando la cuadrícula

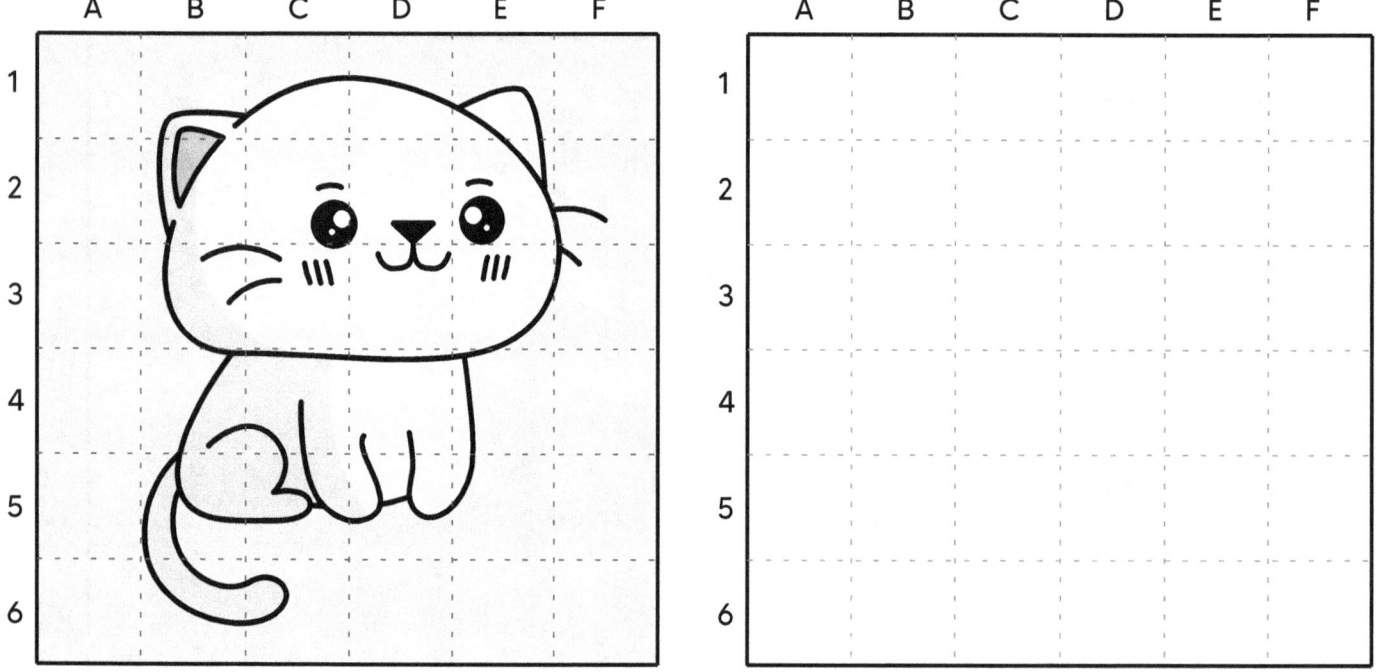

¡Bien hecho! Ya estás preparado para dibujarlo en una hoja en blanco

NUBE

1 Sigue los pasos
uniendo puntos

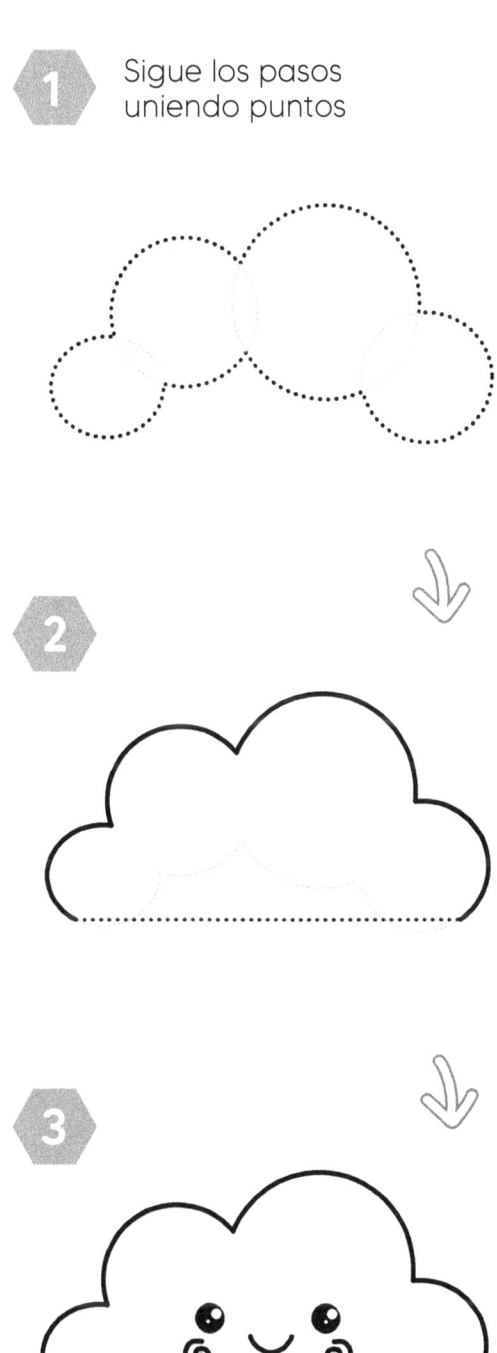

2

3

4 ¡Ahora a dibujar!
Copia el dibujo utilizando la cuadrícula

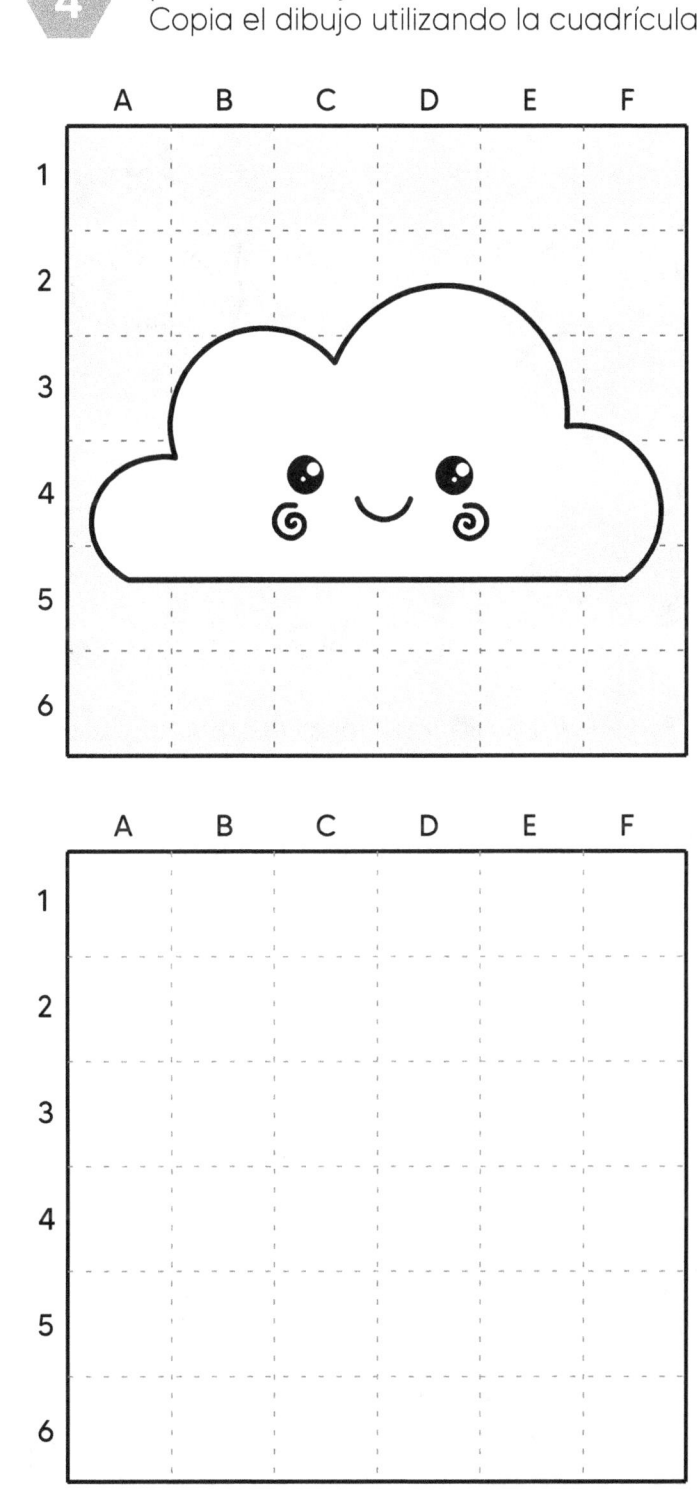

LLAMA

Mi lana sirve
para hacer
abrigos

1 Sigue los pasos
uniendo puntos

2

3

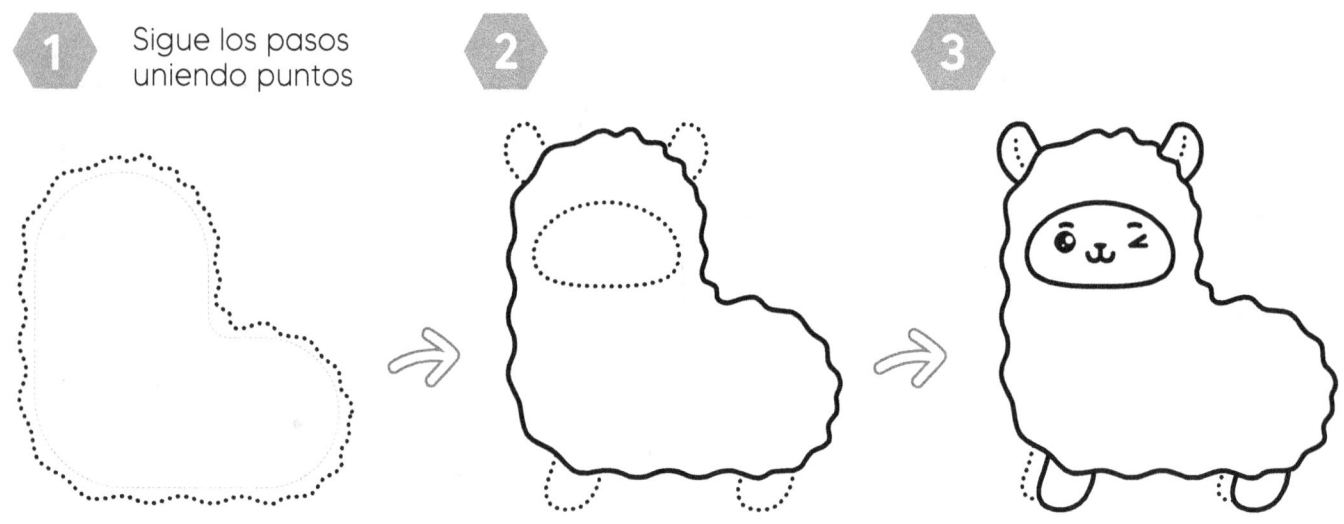

4 ¡Ahora a dibujar! Copia el dibujo utilizando la cuadrícula

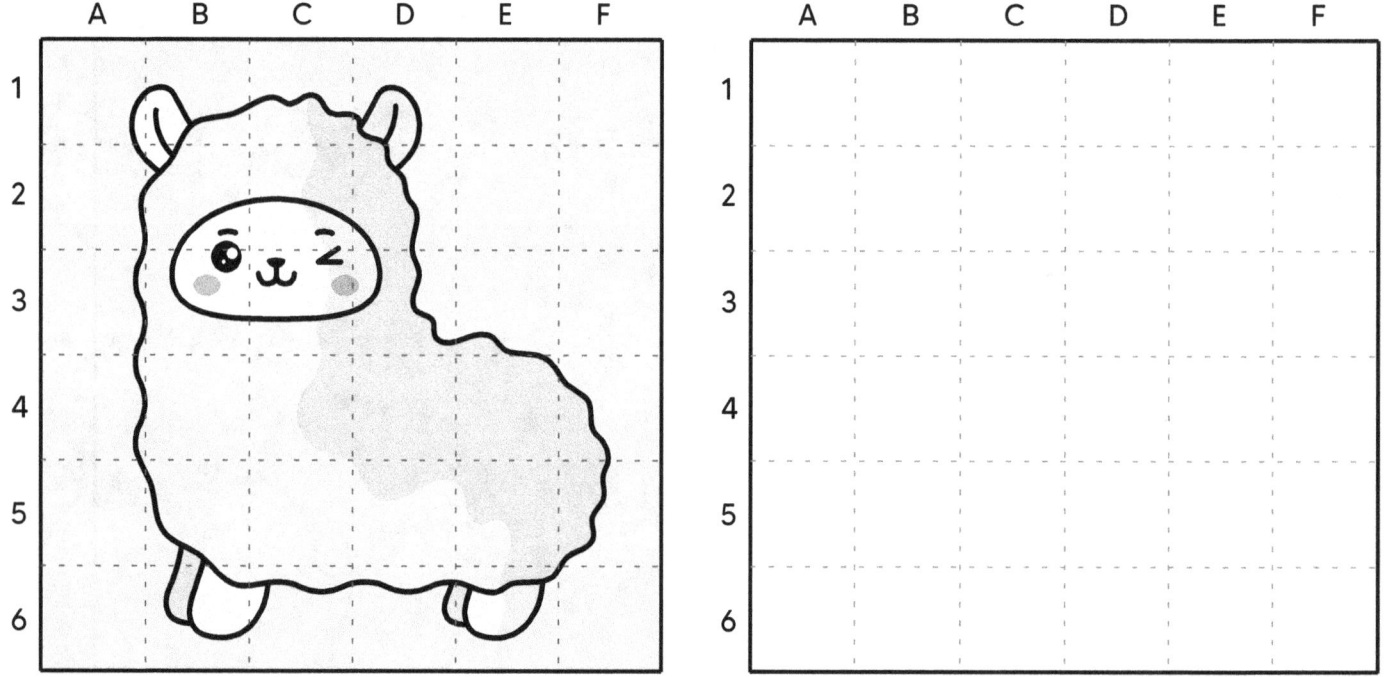

¡Bien hecho! Ya estás preparado para dibujarlo en una hoja en blanco

Ve buscando
un sacapuntas

LÁPIZ

1 Sigue los pasos
uniendo puntos

4 ¡Ahora a dibujar!
Copia el dibujo utilizando la cuadrícula

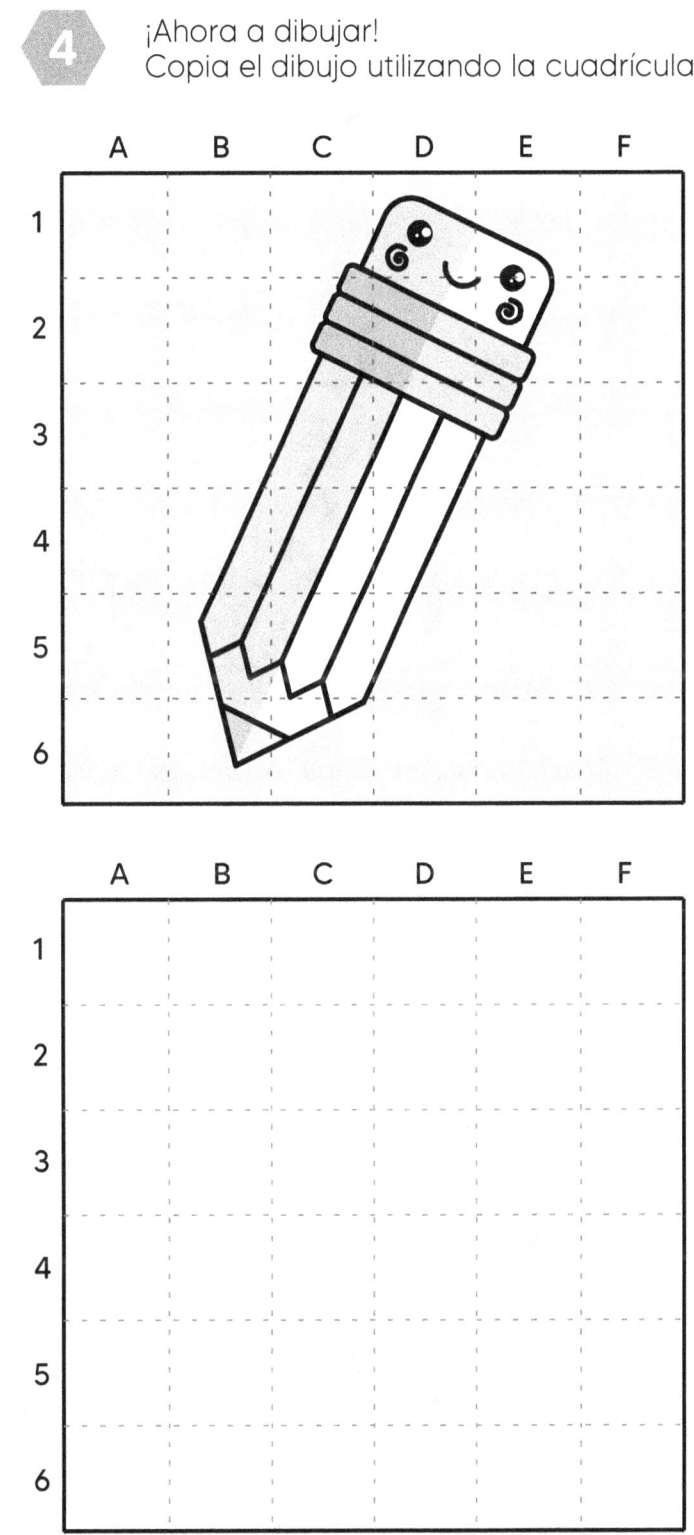

¡Bien hecho! Ya estás preparado para dibujarlo en una hoja en blanco

GLOBO

El aire
caliente me
impulsa

1 Sigue los pasos
uniendo puntos

2

3

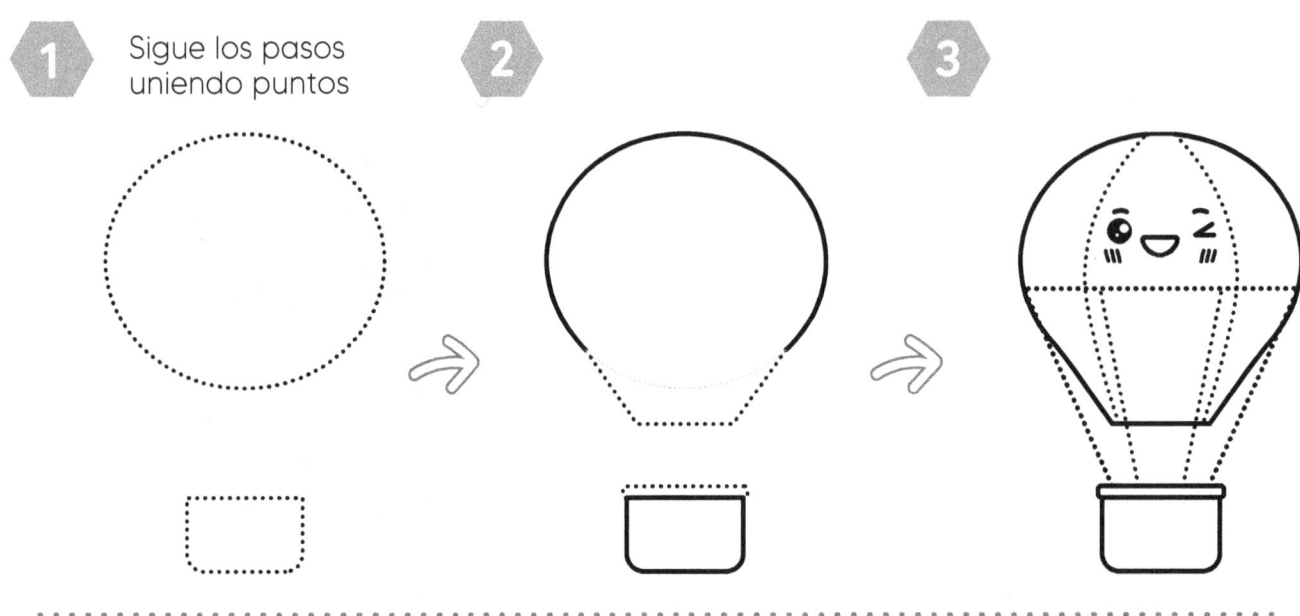

4 ¡Ahora a dibujar! Copia el dibujo utilizando la cuadrícula

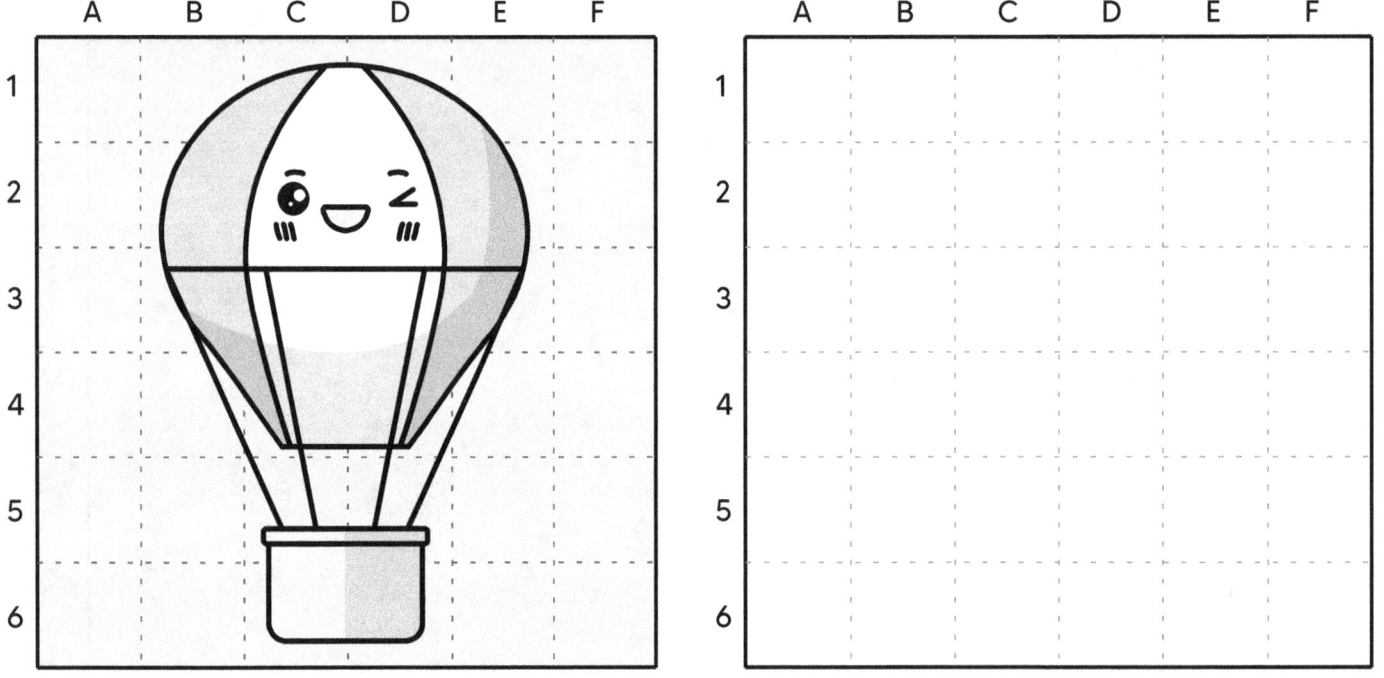

¡Bien hecho! Ya estás preparado para dibujarlo en una hoja en blanco

Puedo nadar
y puedo saltar

RANA

1 Sigue los pasos
uniendo puntos

4 ¡Ahora a dibujar!
Copia el dibujo utilizando la cuadrícula

2

3

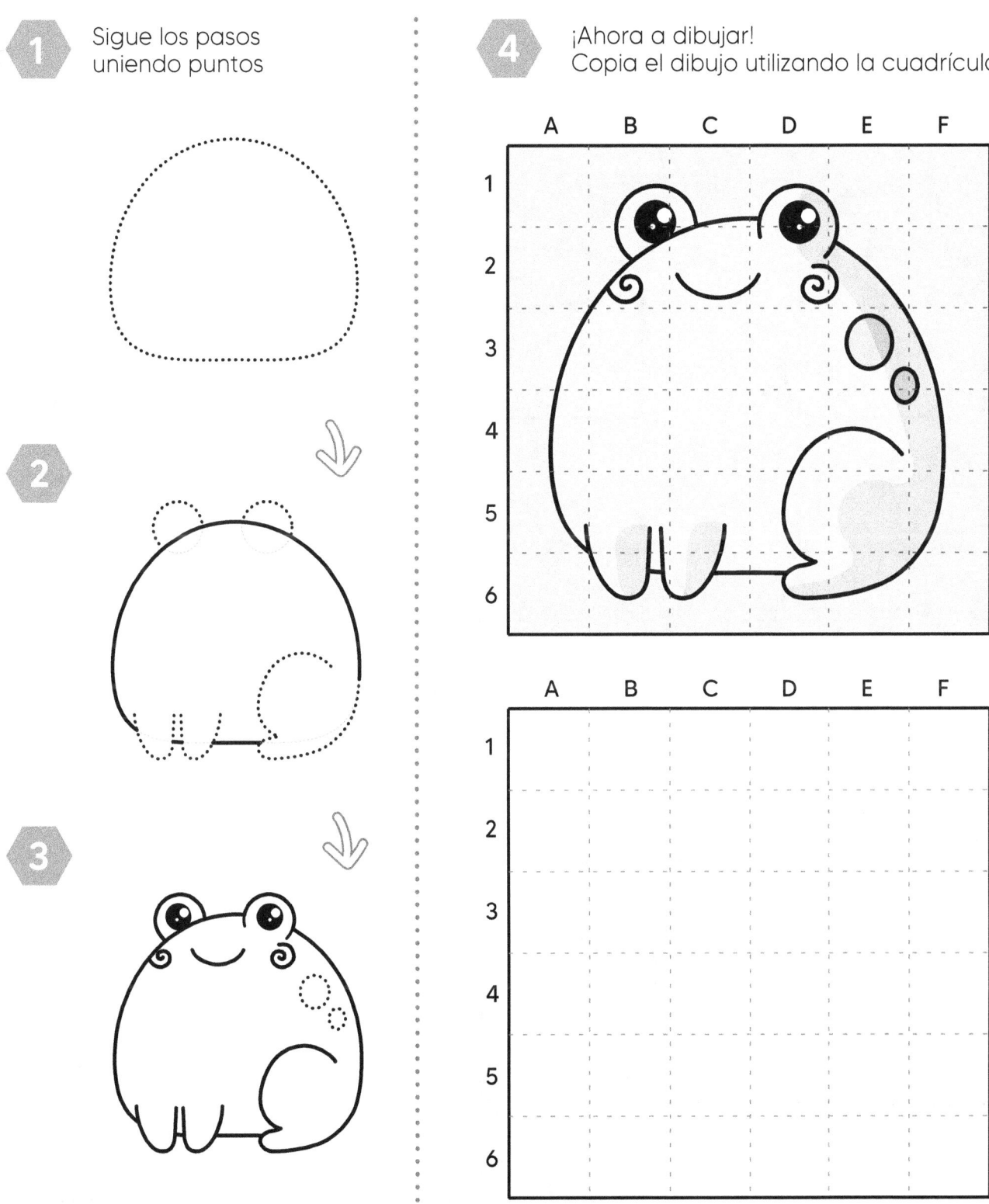

¡Bien hecho! Ya estás preparado para dibujarlo en una hoja en blanco

QUESO

1 Sigue los pasos uniendo puntos

2

3

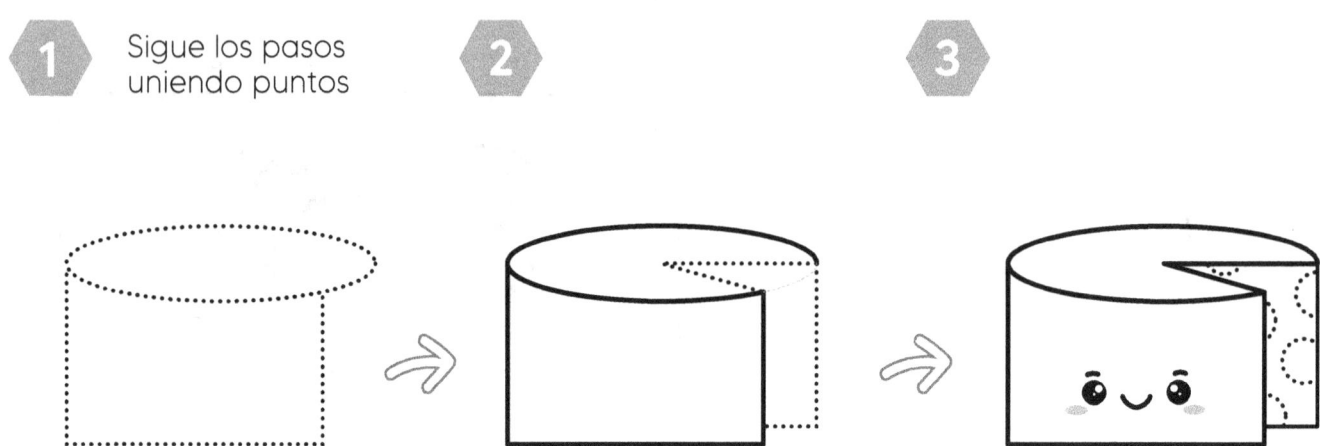

4 ¡Ahora a dibujar! Copia el dibujo utilizando la cuadrícula

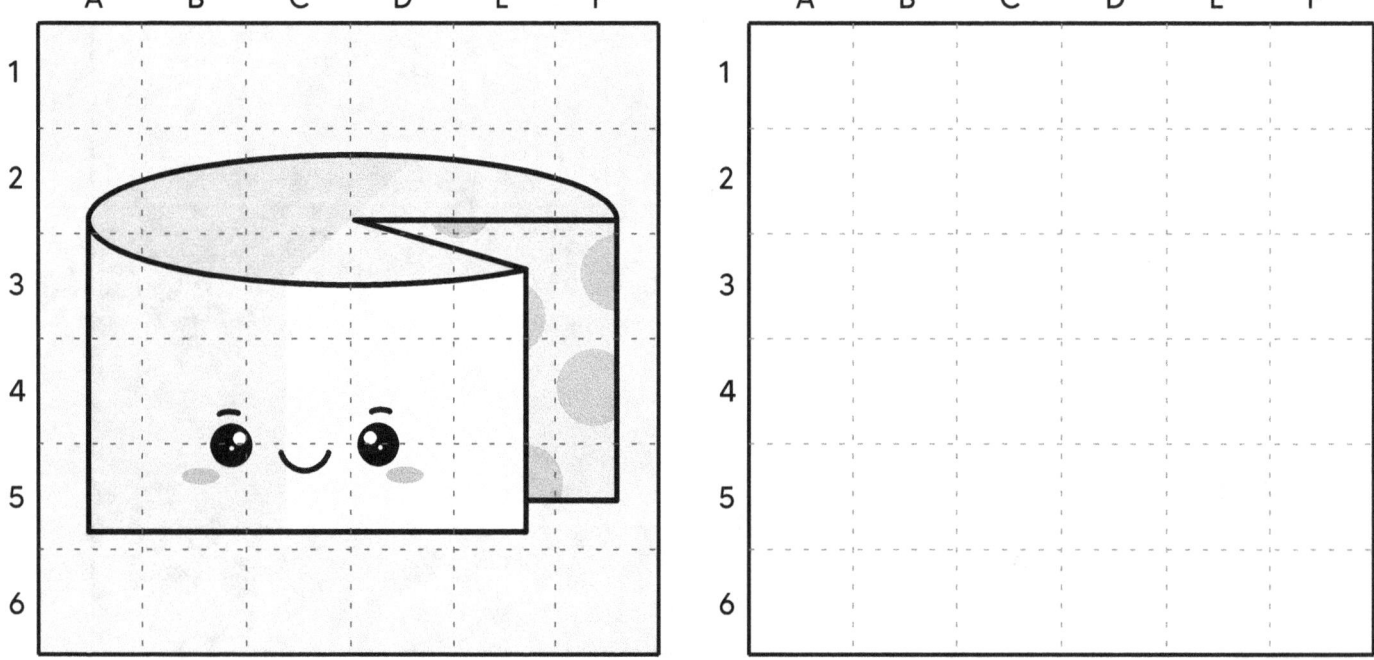

¡Bien hecho! Ya estás preparado para dibujarlo en una hoja en blanco

Puedo ser
rojo, marrón
o naranja

CANGREJO

1 Sigue los pasos
uniendo puntos

4 ¡Ahora a dibujar!
Copia el dibujo utilizando la cuadrícula

2

3

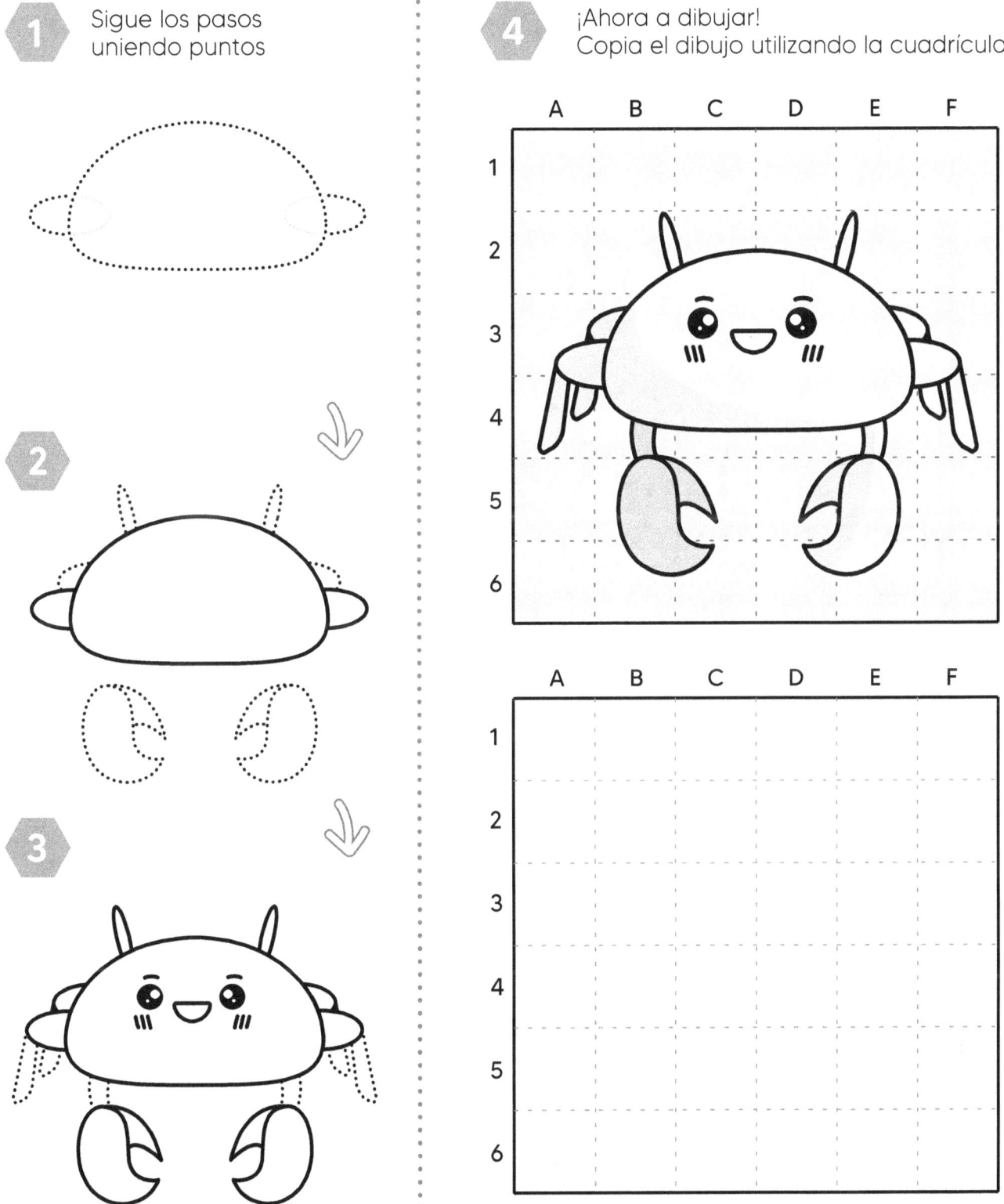

¡Bien hecho! Ya estás preparado para dibujarlo en una hoja en blanco

¡Vaya susto!

FANTASMA

1 Sigue los pasos uniendo puntos

2

3

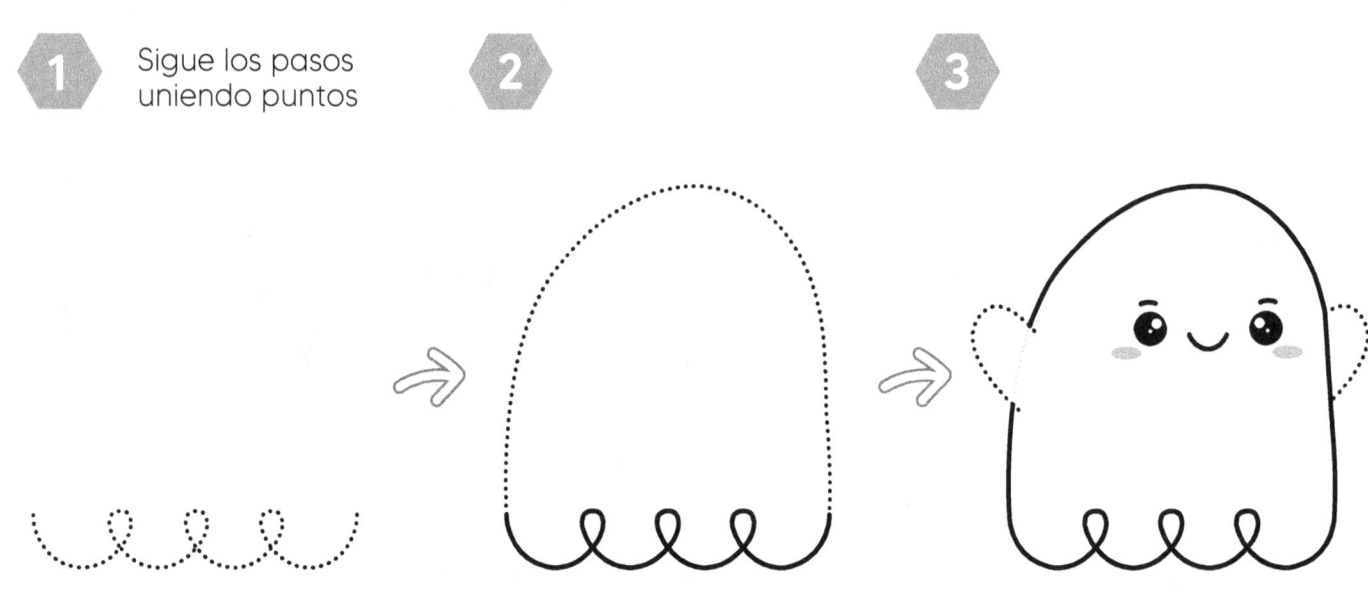

4 ¡Ahora a dibujar! Copia el dibujo utilizando la cuadrícula

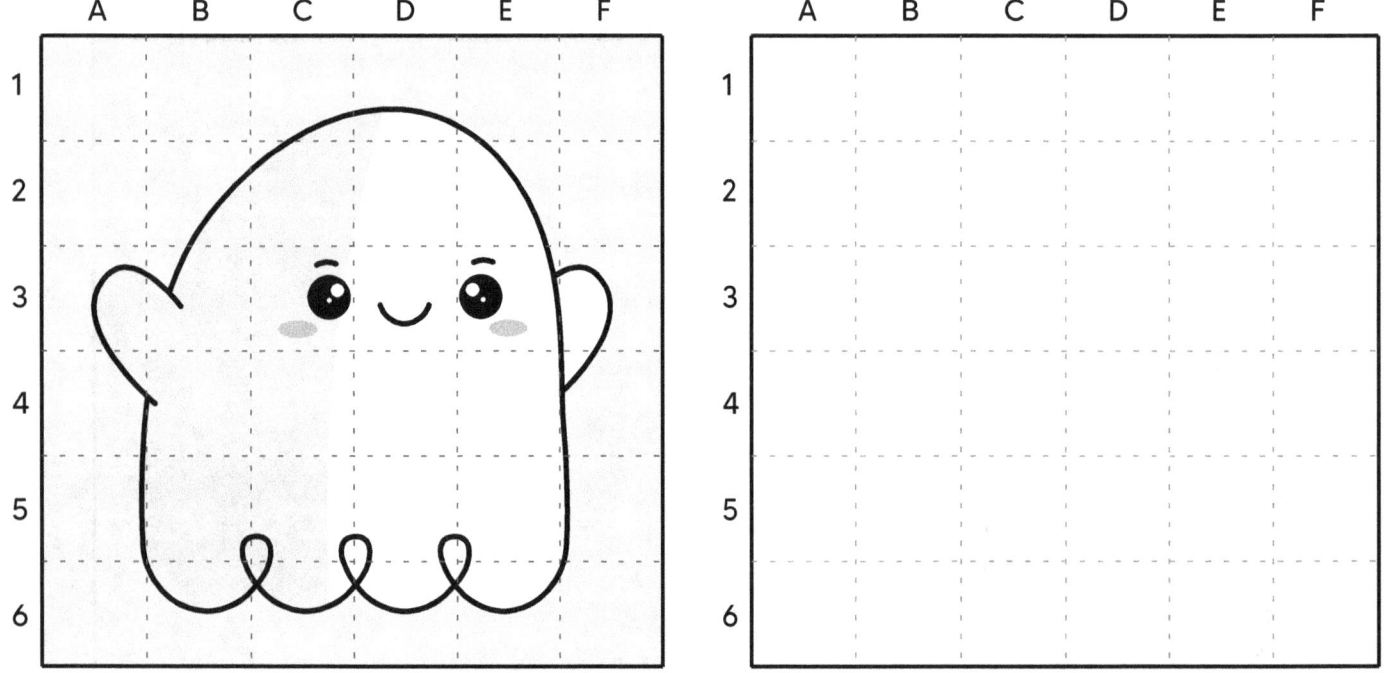

¡Bien hecho! Ya estás preparado para dibujarlo en una hoja en blanco

Tengo muchas cosas que enseñarte

LIBRO

1 Sigue los pasos uniendo puntos

2

3

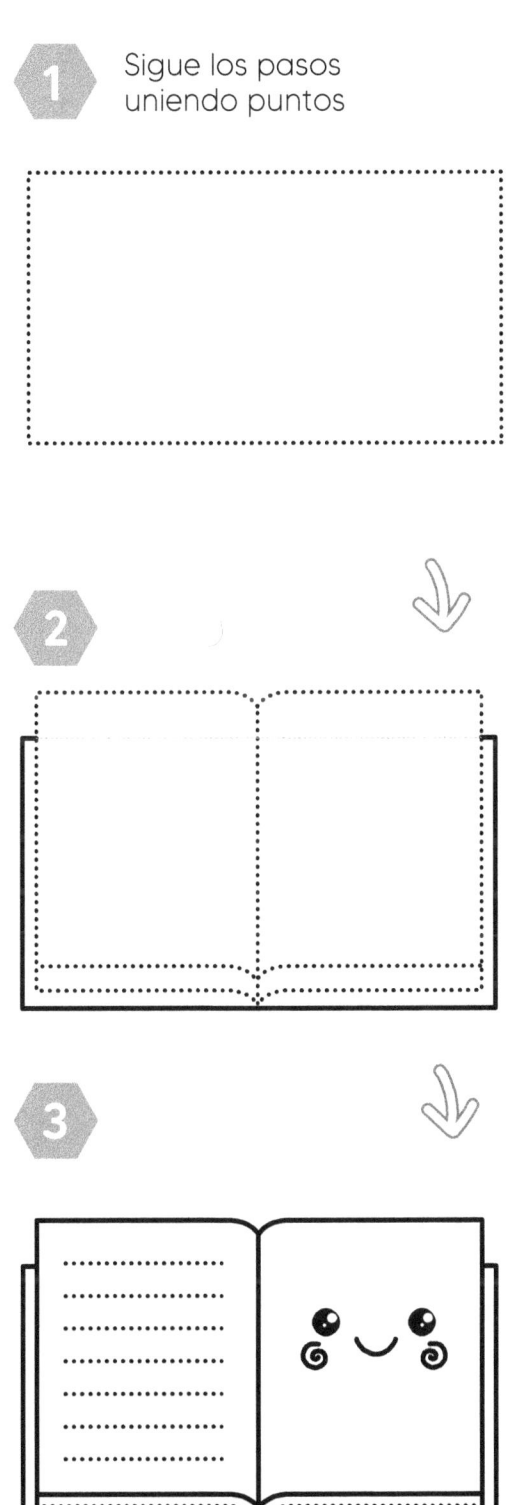

4 ¡Ahora a dibujar!
Copia el dibujo utilizando la cuadrícula

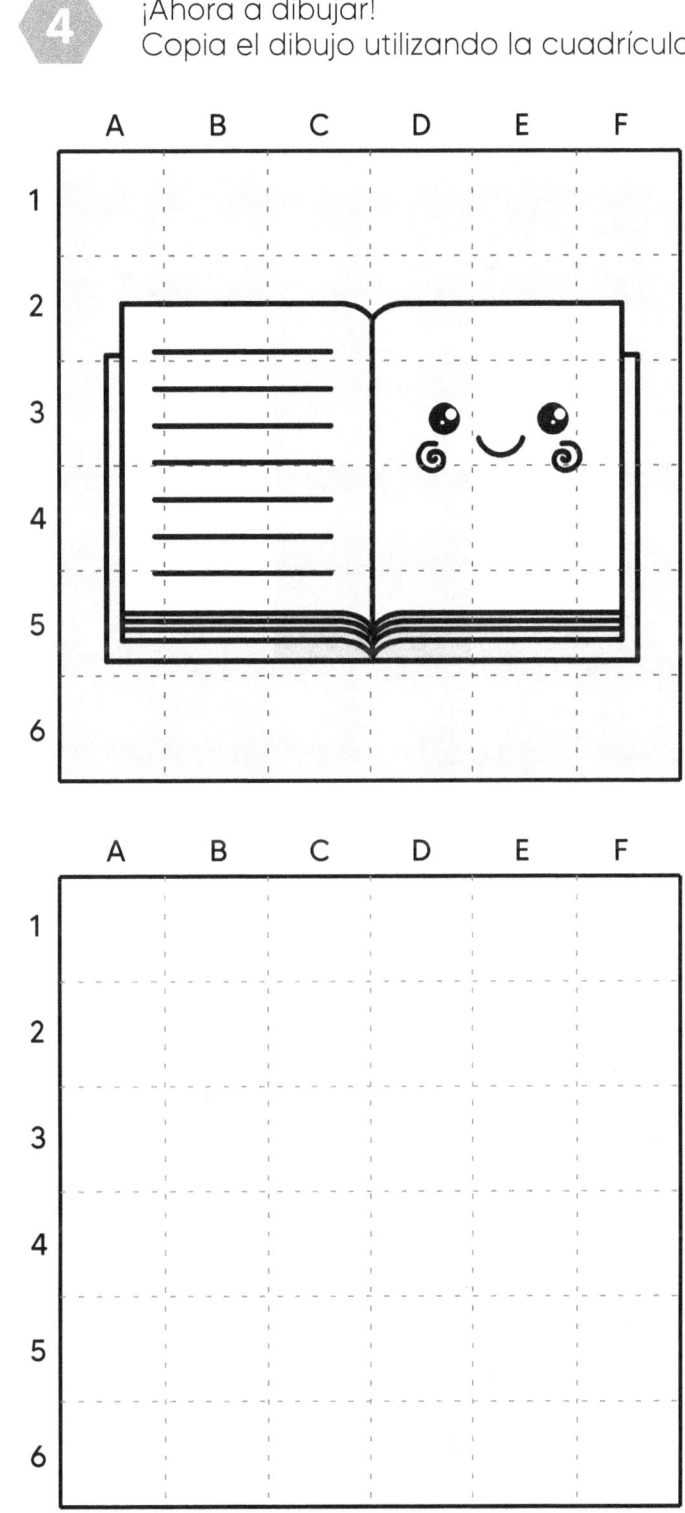

	A	B	C	D	E	F
1						
2						
3						
4						
5						
6						

KOALA

Duermo
abrazado
a un árbol

1 Sigue los pasos
uniendo puntos

2

3

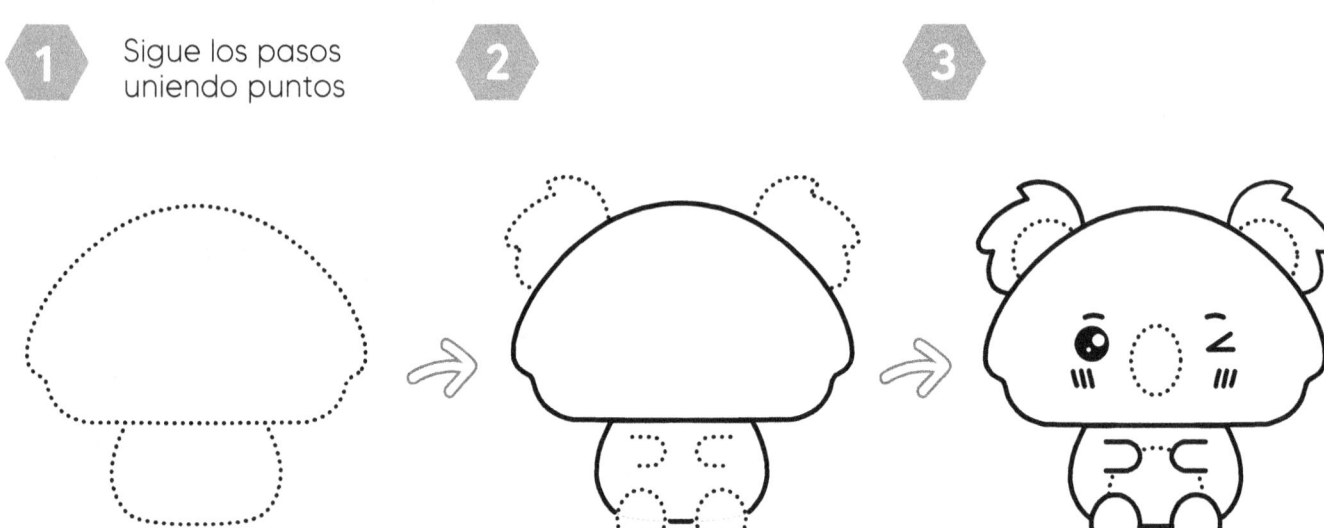

4 ¡Ahora a dibujar! Copia el dibujo utilizando la cuadrícula

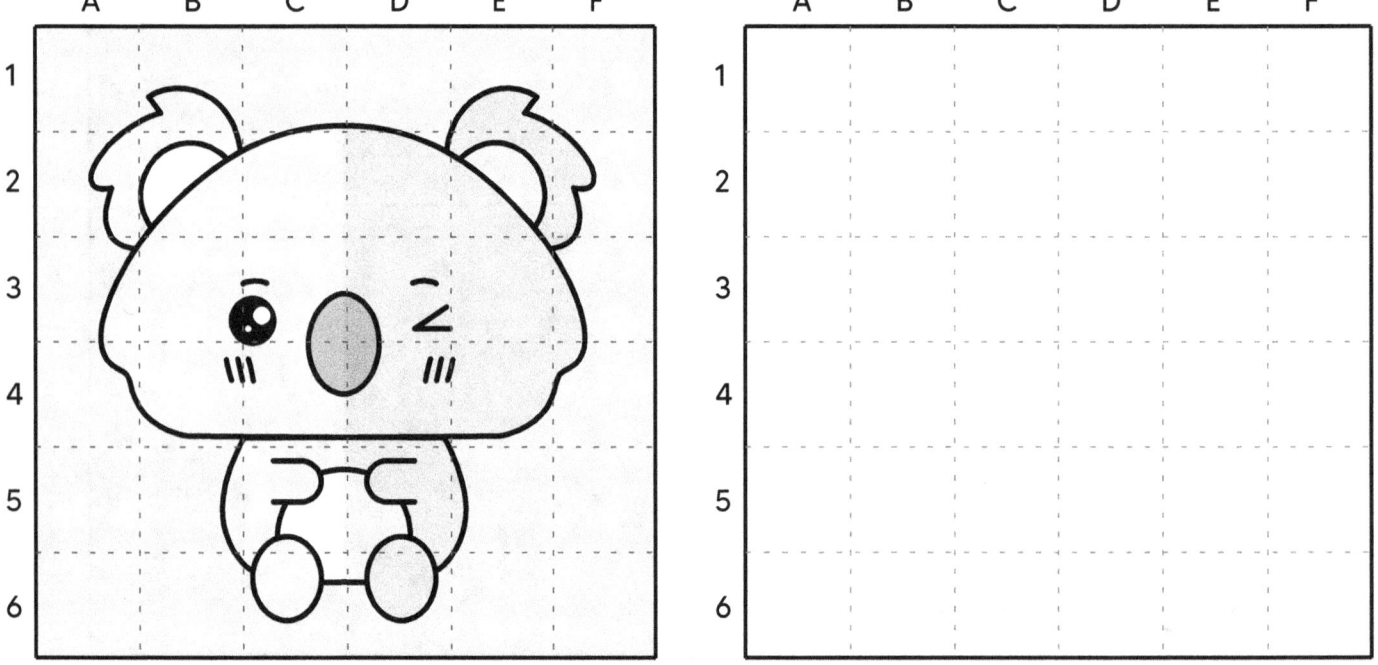

¡Bien hecho! Ya estás preparado para dibujarlo en una hoja en blanco

Me encanta
la fruta

MONO

1 Sigue los pasos
uniendo puntos

4 ¡Ahora a dibujar!
Copia el dibujo utilizando la cuadrícula

2

3

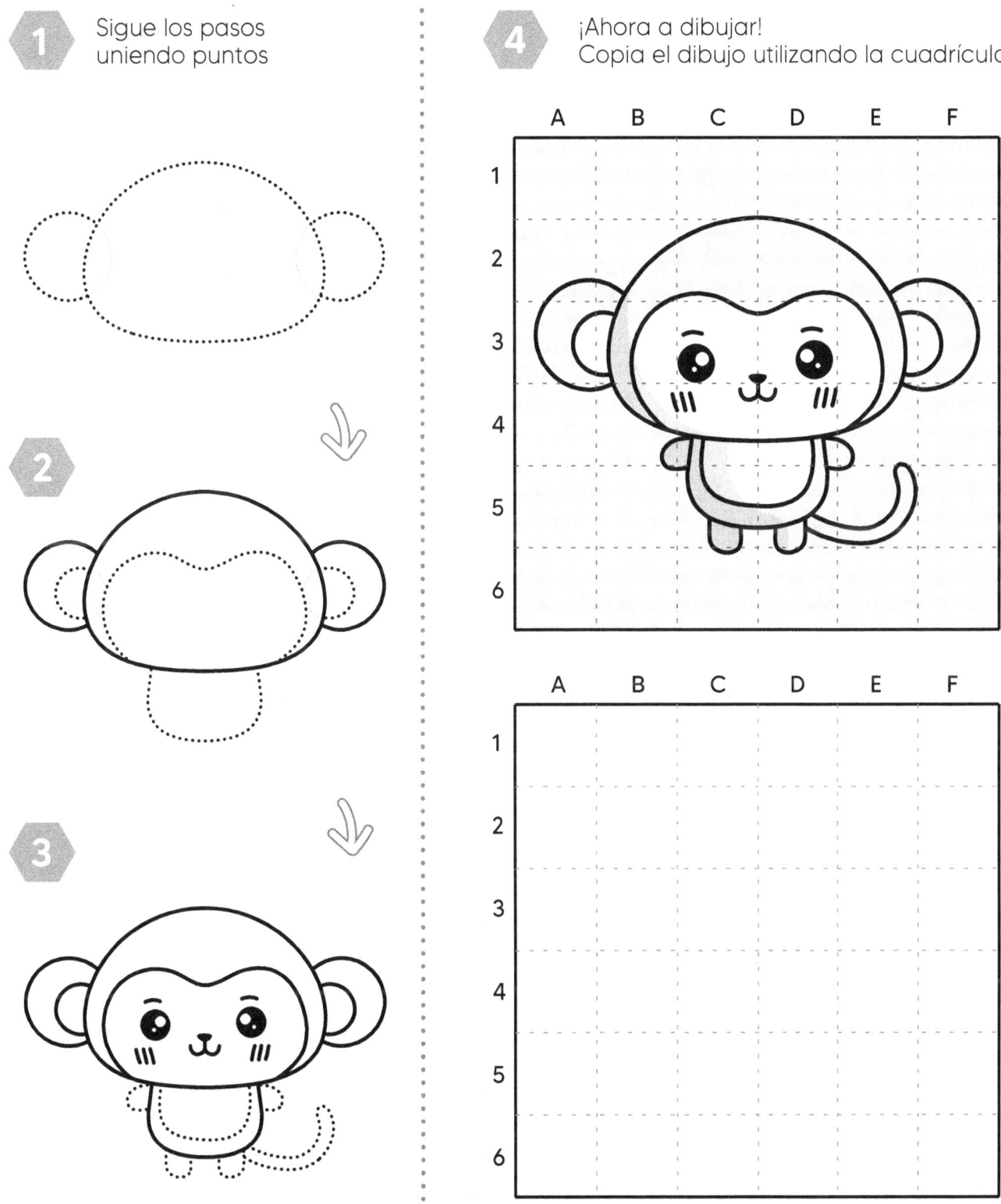

¡Bien hecho! Ya estás preparado para dibujarlo en una hoja en blanco

HUEVO

Soy blanco
y amarillo

1 Sigue los pasos
uniendo puntos

2

3

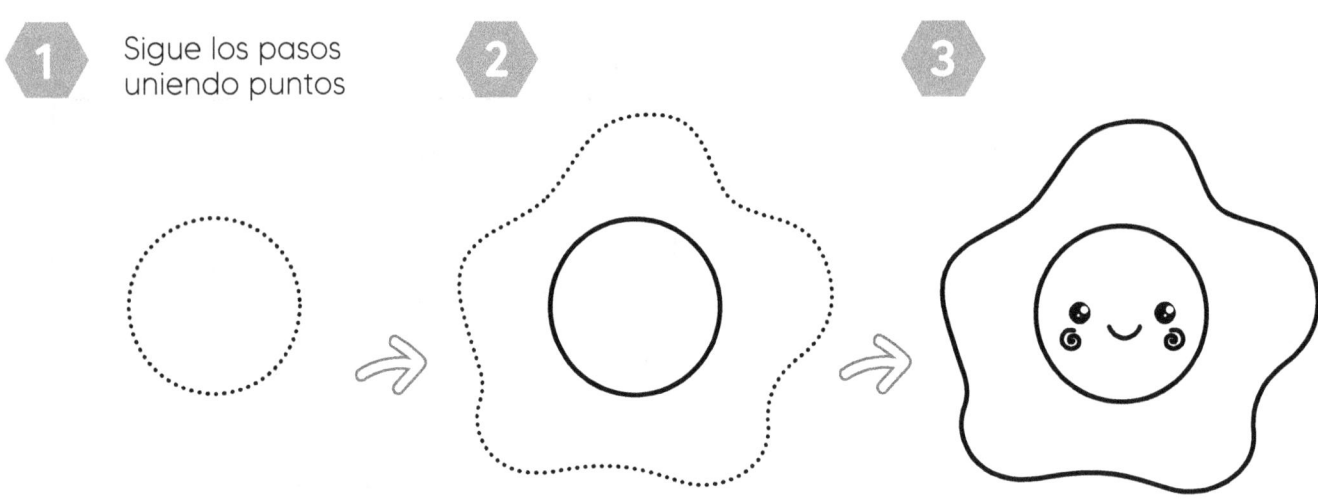

4 ¡Ahora a dibujar! Copia el dibujo utilizando la cuadrícula

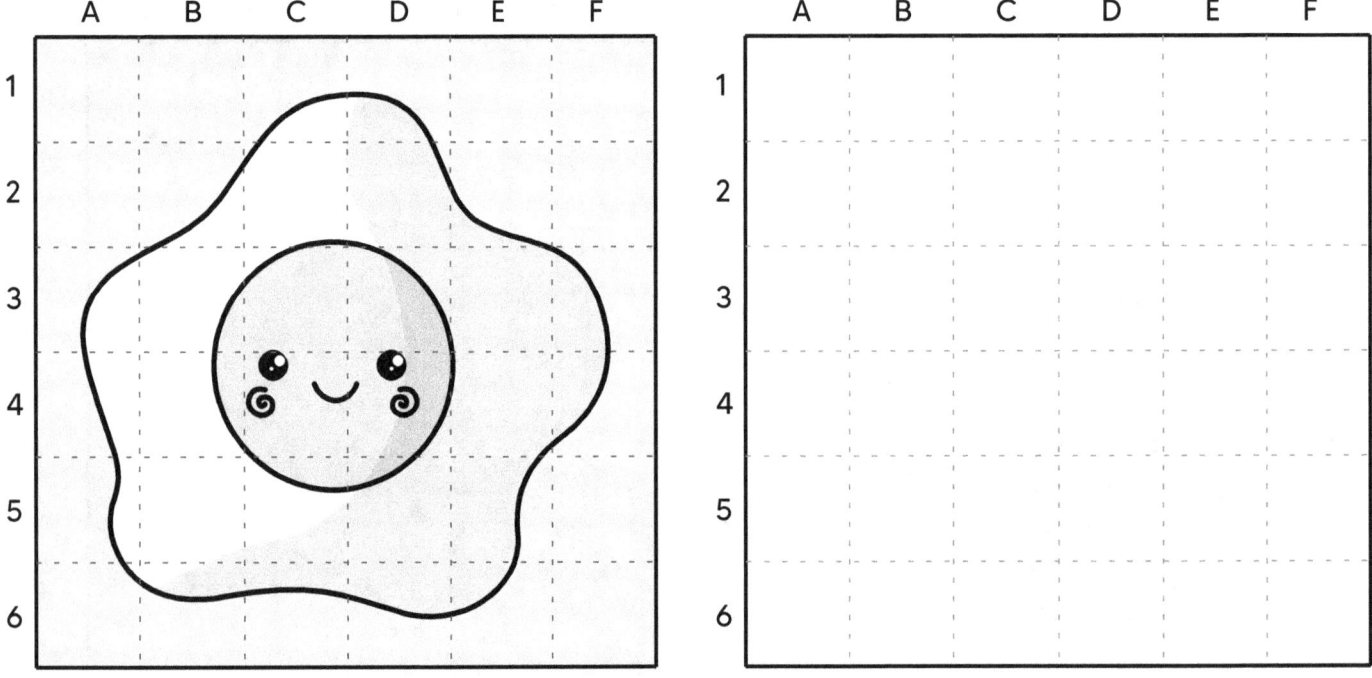

¡Bien hecho! Ya estás preparado para dibujarlo en una hoja en blanco

Soy el felino
más grande

TIGRE

1 Sigue los pasos
uniendo puntos

2

3

4 ¡Ahora a dibujar!
Copia el dibujo utilizando la cuadrícula

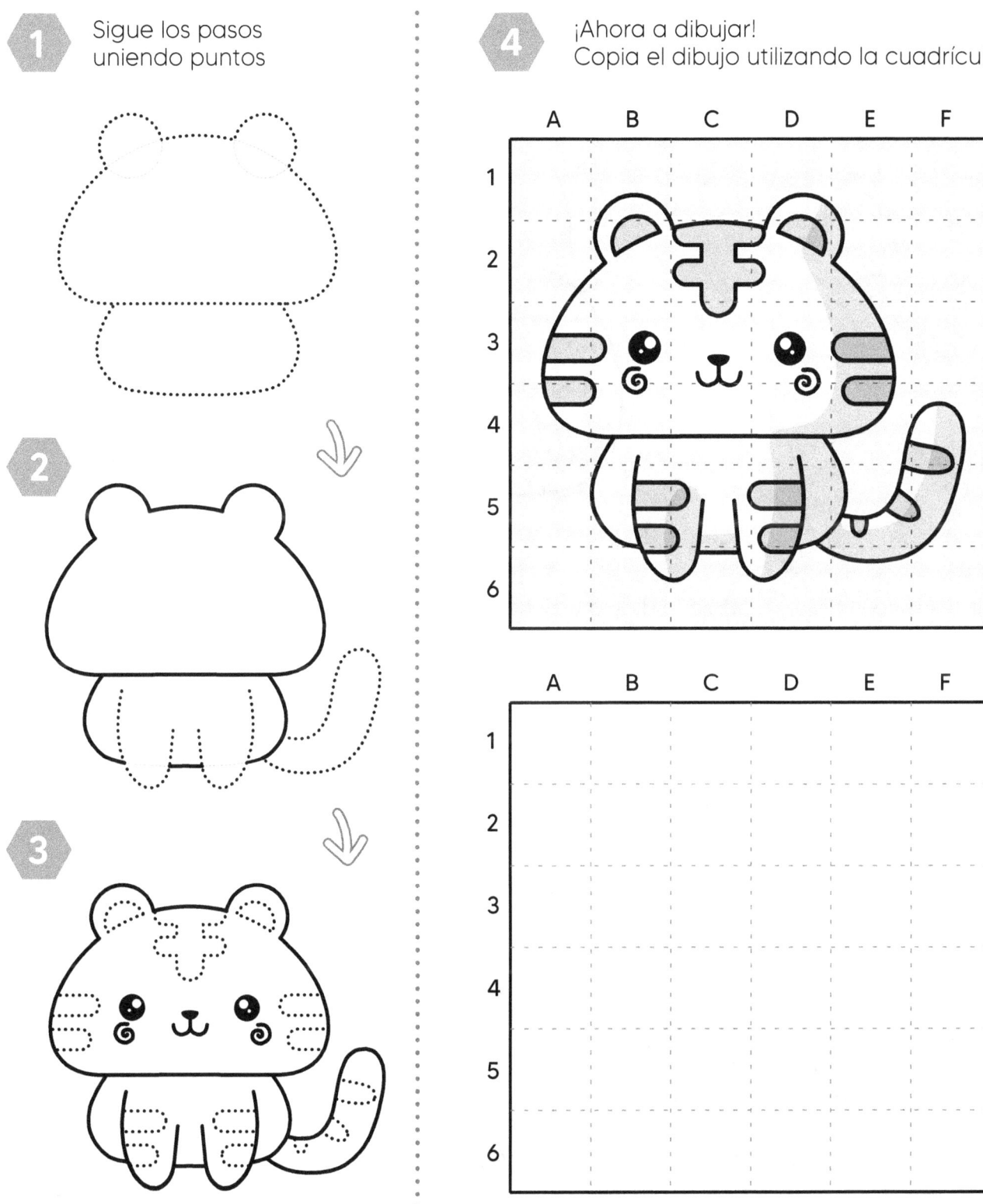

¡Bien hecho! Ya estás preparado para dibujarlo en una hoja en blanco

PIÑA

Las piñas
somos
dulces

1 Sigue los pasos
uniendo puntos

2

3

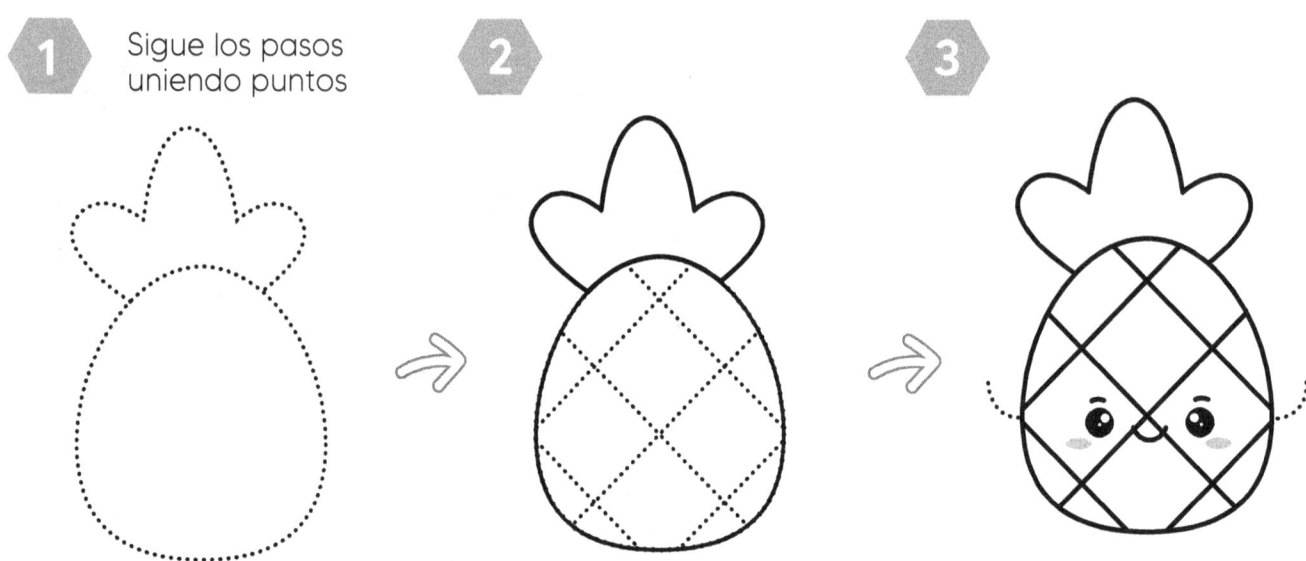

4 ¡Ahora a dibujar! Copia el dibujo utilizando la cuadrícula

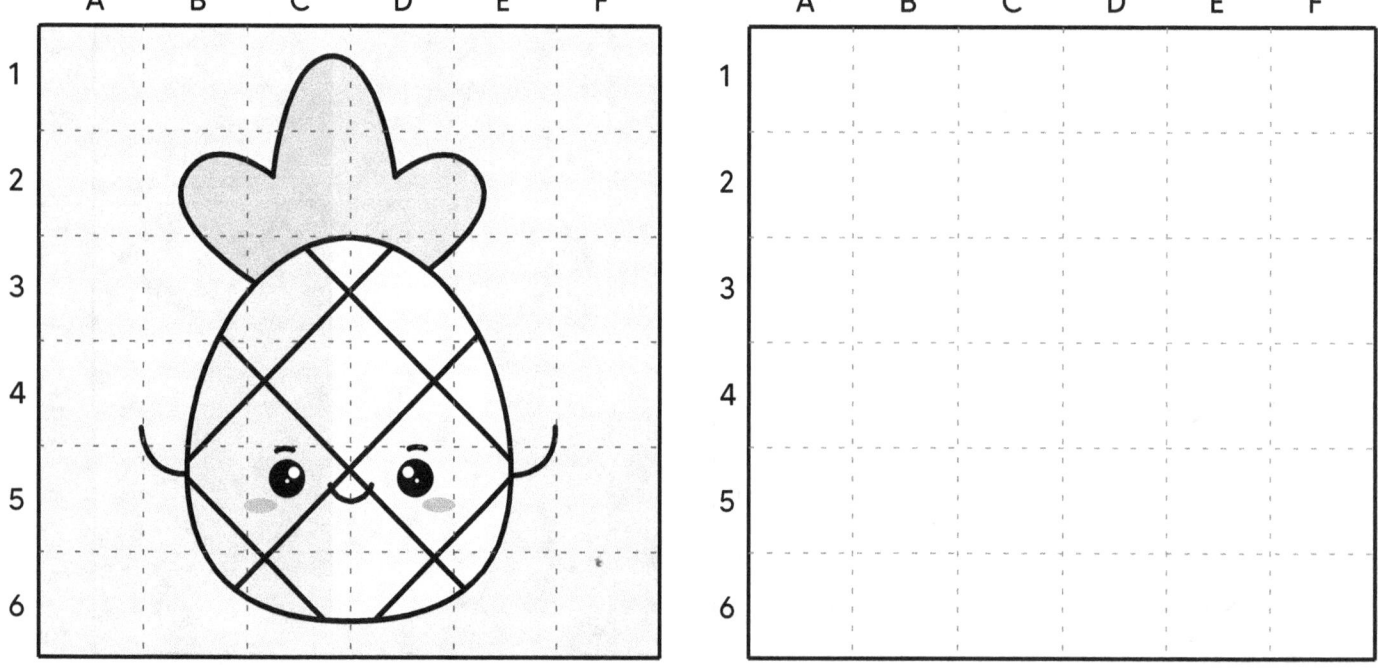

¡Bien hecho! Ya estás preparado paña dibujarlo en una hoja en blanco

Mis bebés
son rosa
clarito

CERDO

1 Sigue los pasos
uniendo puntos

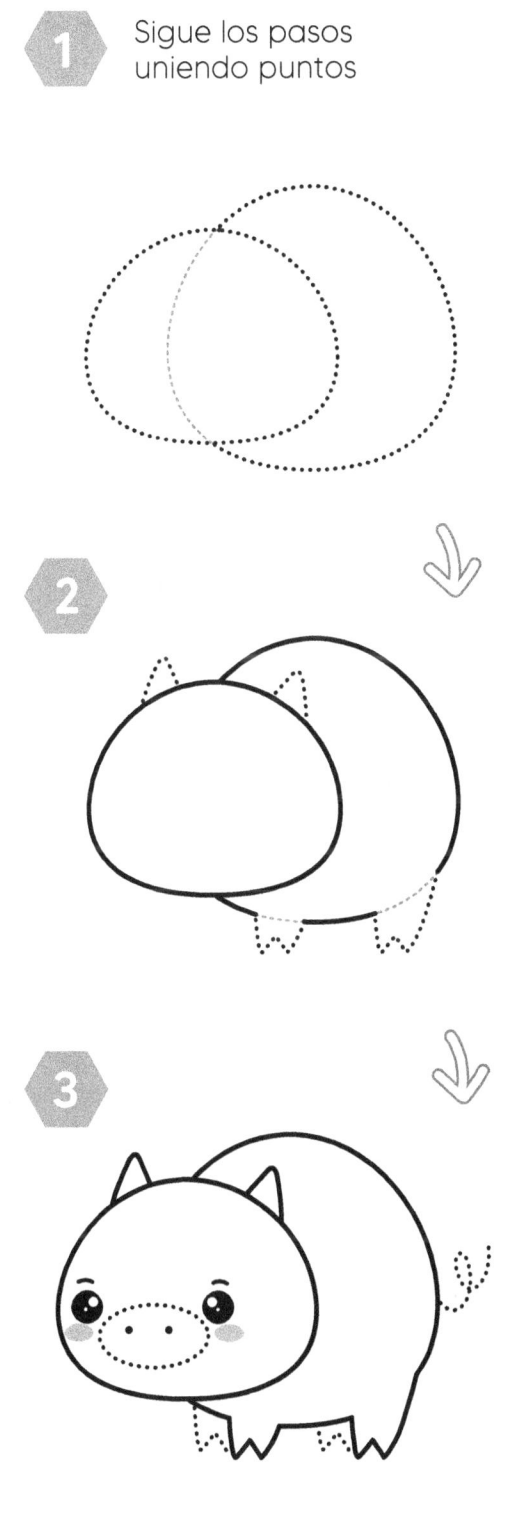

4 ¡Ahora a dibujar!
Copia el dibujo utilizando la cuadrícula

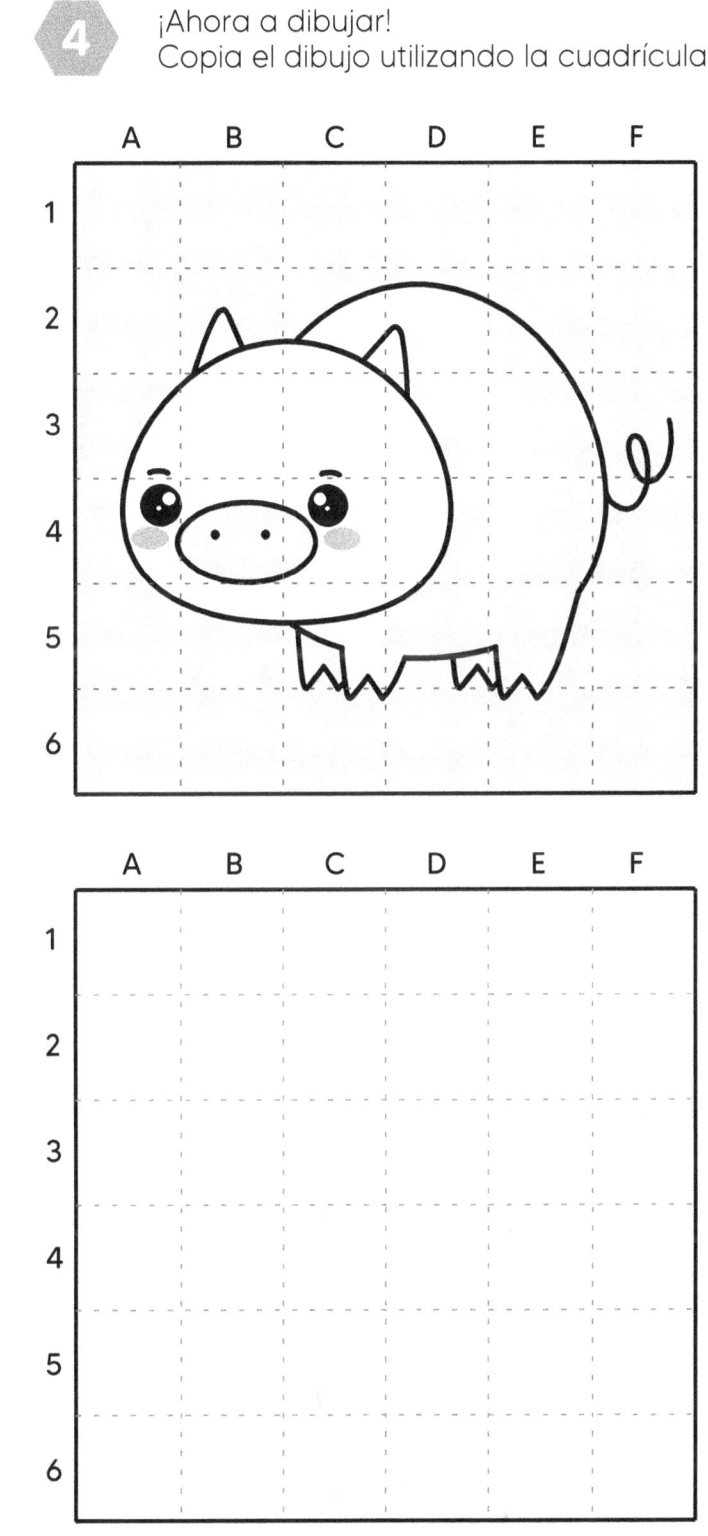

¡Bien hecho! Ya estás preparado para dibujarlo en una hoja en blanco

PARAGÜAS

Te cubro
de la lluvia

1 Sigue los pasos
uniendo puntos

2

3

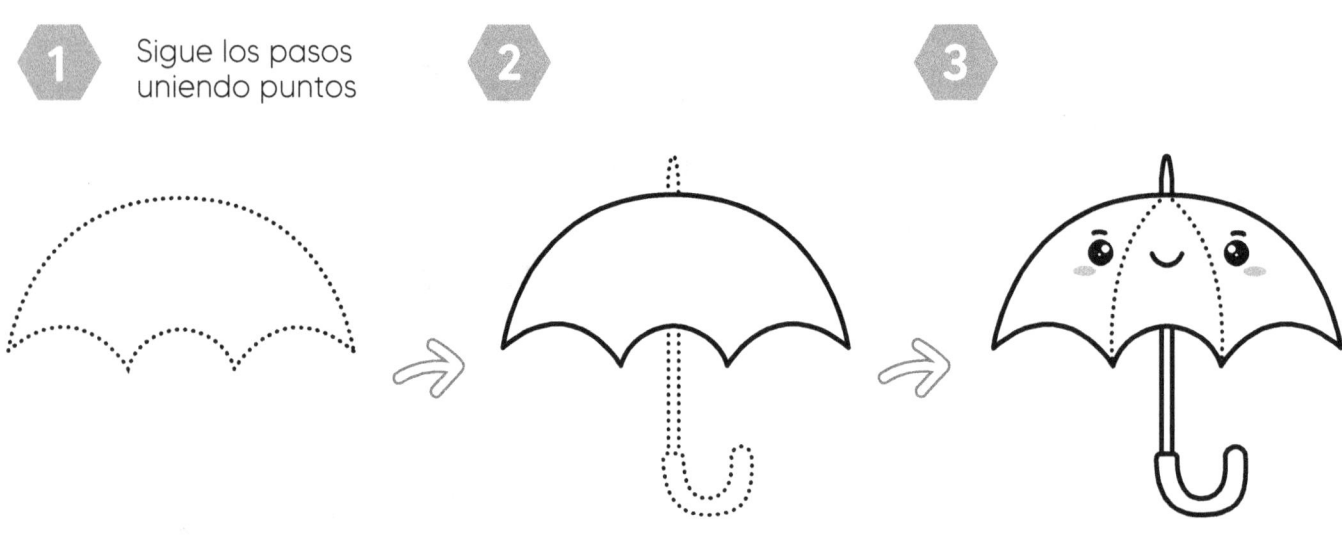

4 ¡Ahora a dibujar! Copia el dibujo utilizando la cuadrícula

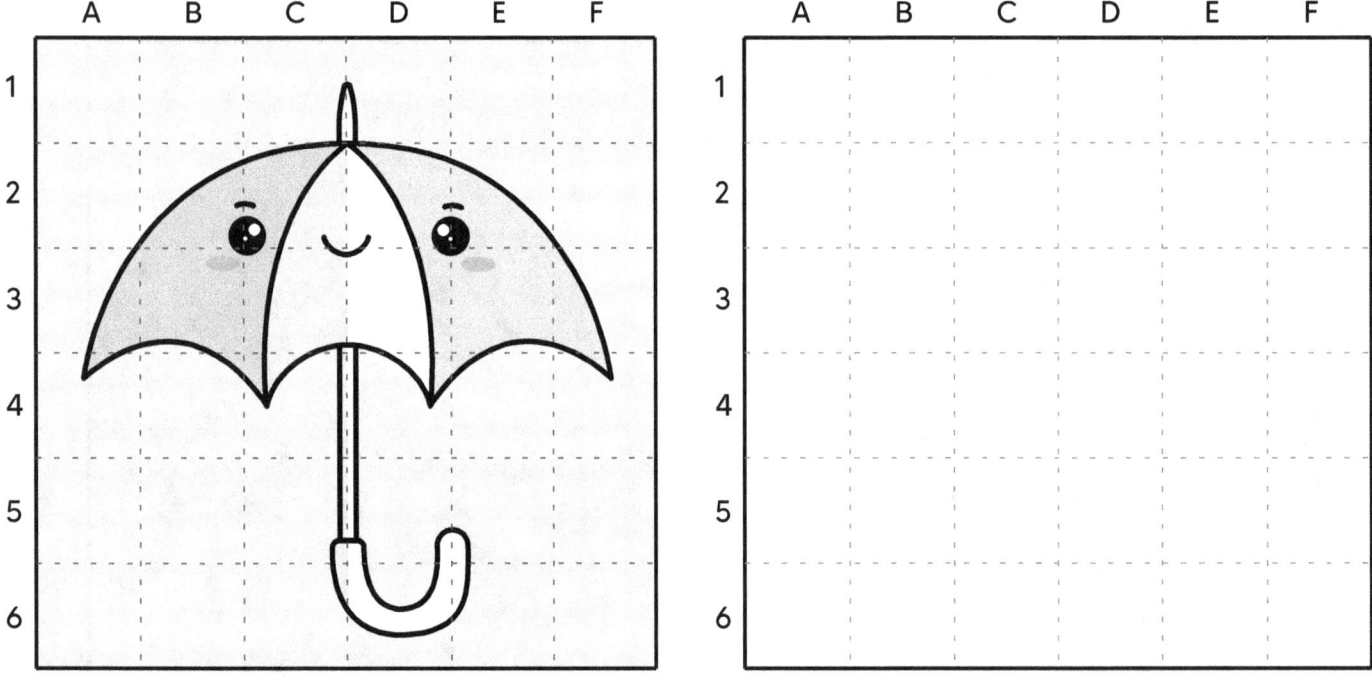

¡Bien hecho! Ya estás preparado para dibujarlo en una hoja en blanco

Soy la única ave
que puedo volar
hacia atrás

COLIBRÍ

1 Sigue los pasos
uniendo puntos

2

3

4 ¡Ahora a dibujar!
Copia el dibujo utilizando la cuadrícula

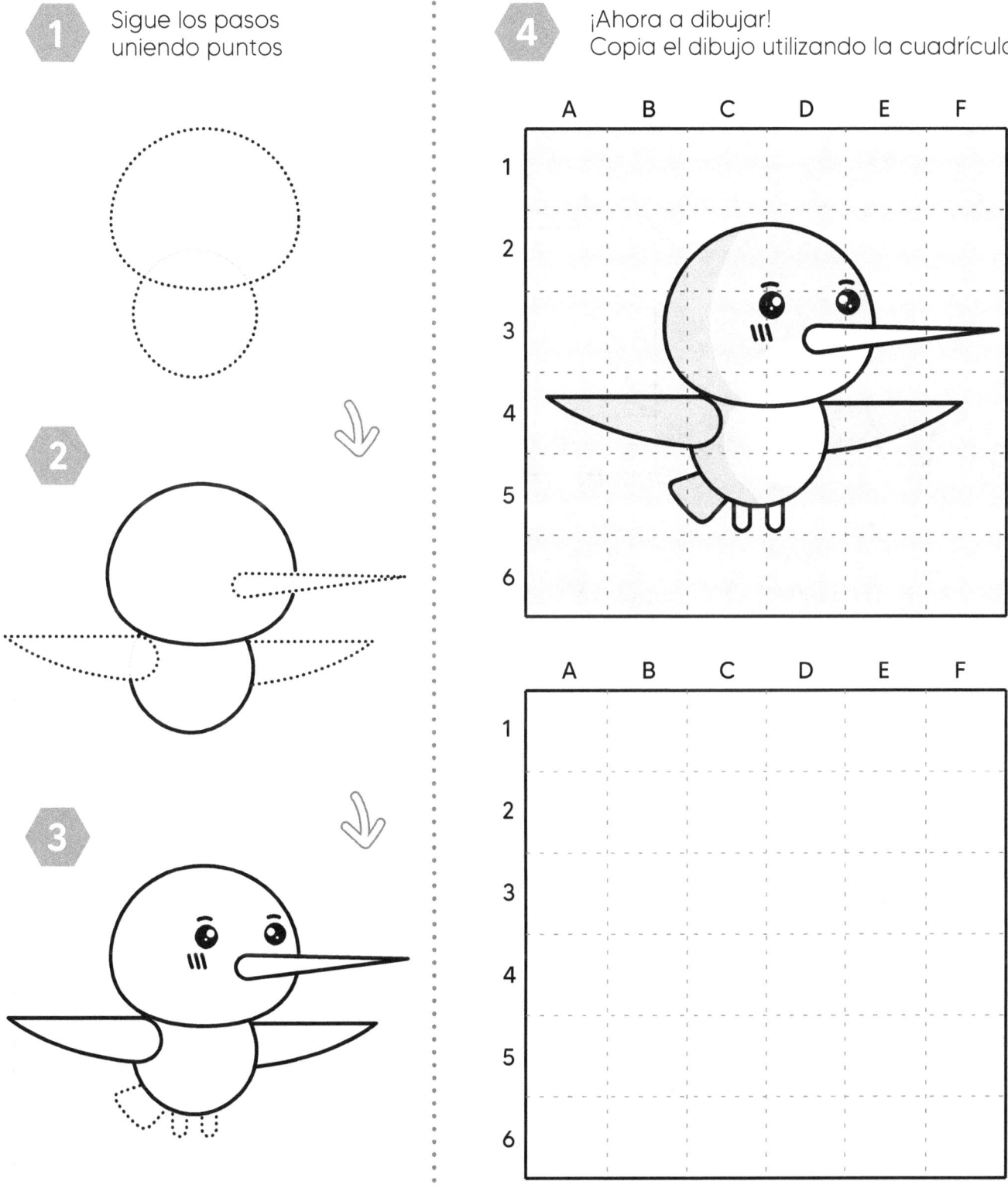

LECHE

Estoy
muy rica
con cereales

1 Sigue los pasos
uniendo puntos

2

3

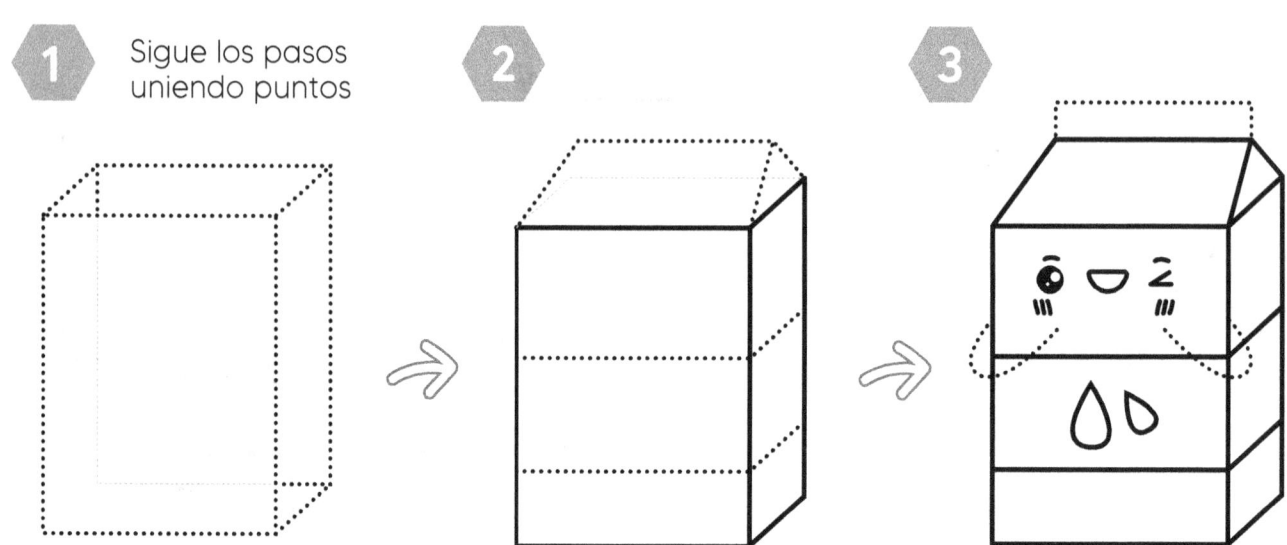

4 ¡Ahora a dibujar! Copia el dibujo utilizando la cuadrícula

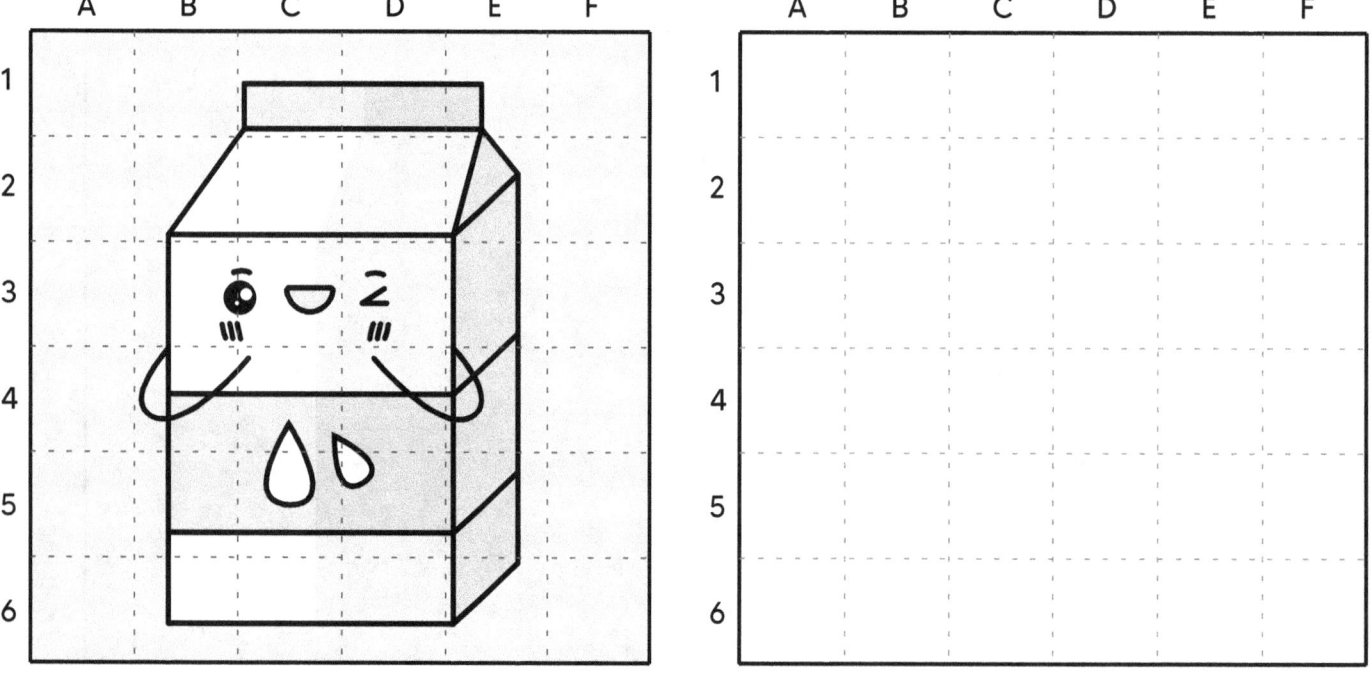

¡Bien hecho! Ya estás preparado para dibujarlo en una hoja en blanco

En invierno
nunca
paso frío

OVEJA

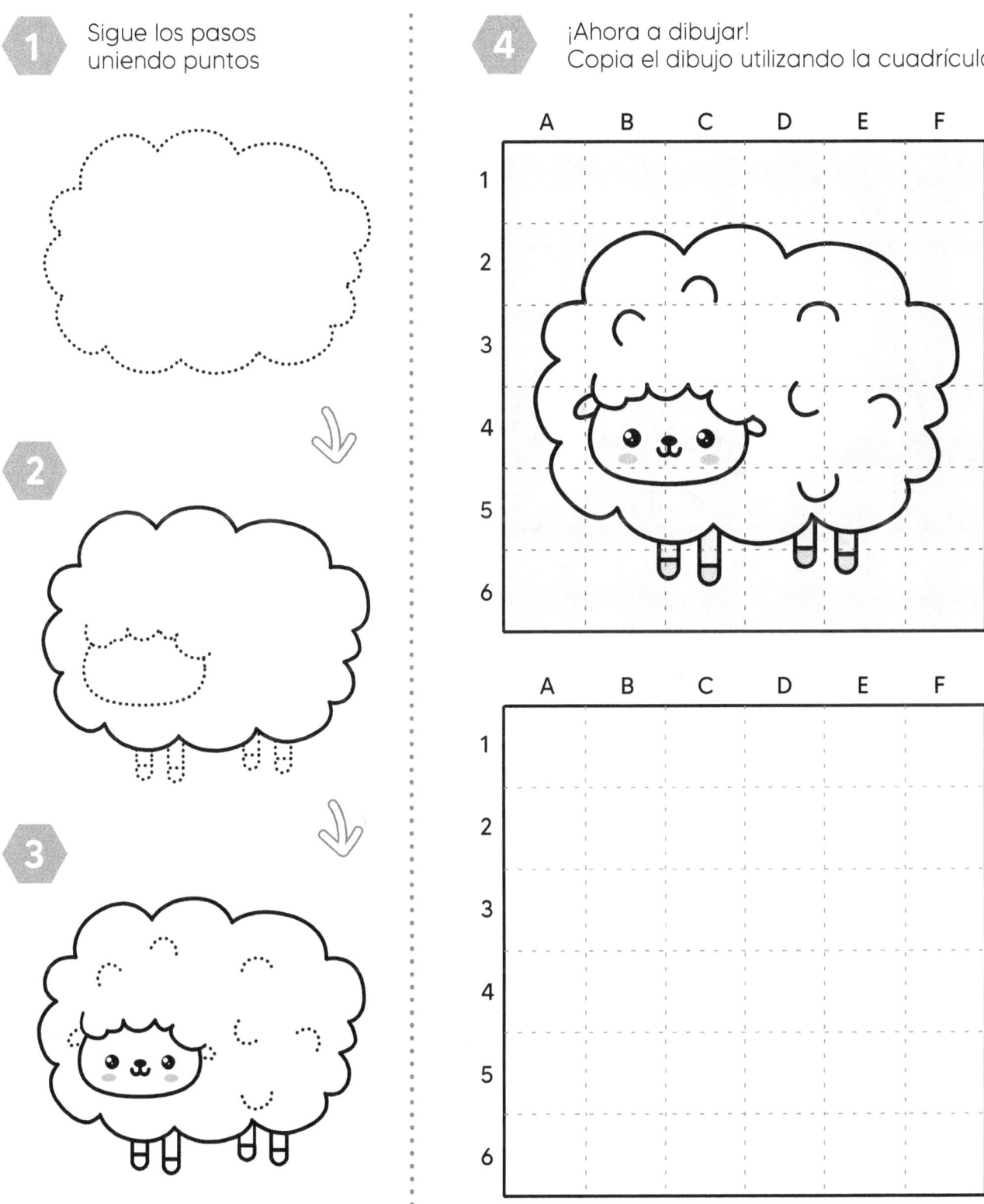

1 Sigue los pasos uniendo puntos

2

3

4 ¡Ahora a dibujar!
Copia el dibujo utilizando la cuadrícula

¡Bien hecho! Ya estás preparado para dibujarlo en una hoja en blanco

¡BONUS!
APRENDE A DIBUJAR CARAS KAWAII

Las caras de nuestros dibujos kawaii son el elemento más importante para dar ternura y expresividad a nuestros dibujos. Un mismo personaje puede cambiar totalmente modificando su expresión: alegría, miedo, ira, sorpresa, tristeza, asco...

En el siguiente capítulo, te enseñaré a DIBUJAR CARAS KAWAII. **Este capítulo es privado y reservado para mis dibujantes más fieles.** Por eso, si tienes 30 segundos, nos encantará leer tus impresiones sobre este libro en Amazon.

GRACIAS | **Para dejar tu reseña**, escanea este QR con la cámara de tu móvil. La página para dejar la reseña aparecerá en tu navegador

¿Hay algo que no te ha gustado?

Antes de ponernos una reseña negativa, danos la oportunidad de mejorar. Envíanos un correo a: **hola@happylittlebrains.com** y haremos lo posible para mejorarlo :)

BONUS | **Para obtener el bonus**, escanea este QR, también con la cámara de tu móvil y lo recibirás en PDF.

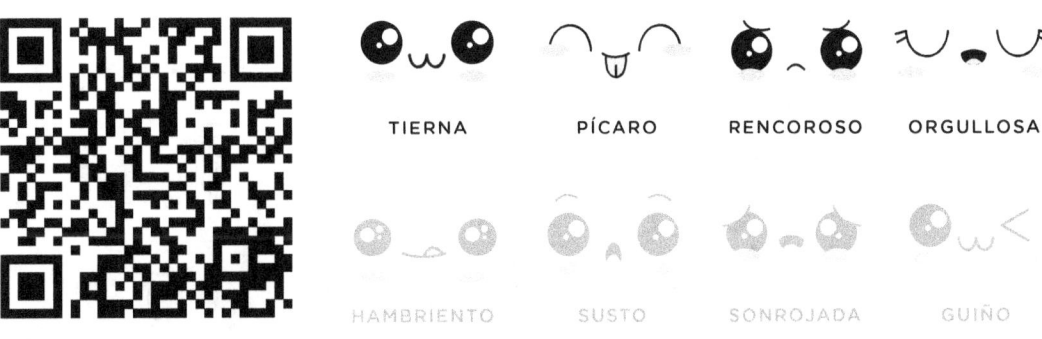

TIERNA PÍCARO RENCOROSO ORGULLOSA

HAMBRIENTO SUSTO SONROJADA GUIÑO

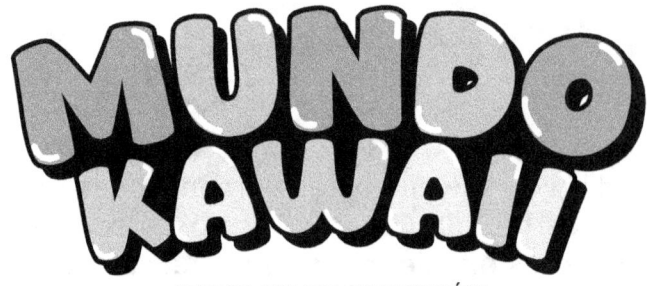

COMPLETA TU COLECCIÓN

¡Conviértete en un artista!
Solo necesitas un lápiz y seguir las instrucciones paso a paso de cada libro.
Aprenderás los conceptos básicos del dibujo kawaii, que enfatiza formas simples
y redondeadas; caras con ojos pequeños y expresiones dulces; además de
aprender a personificar objetos inanimados

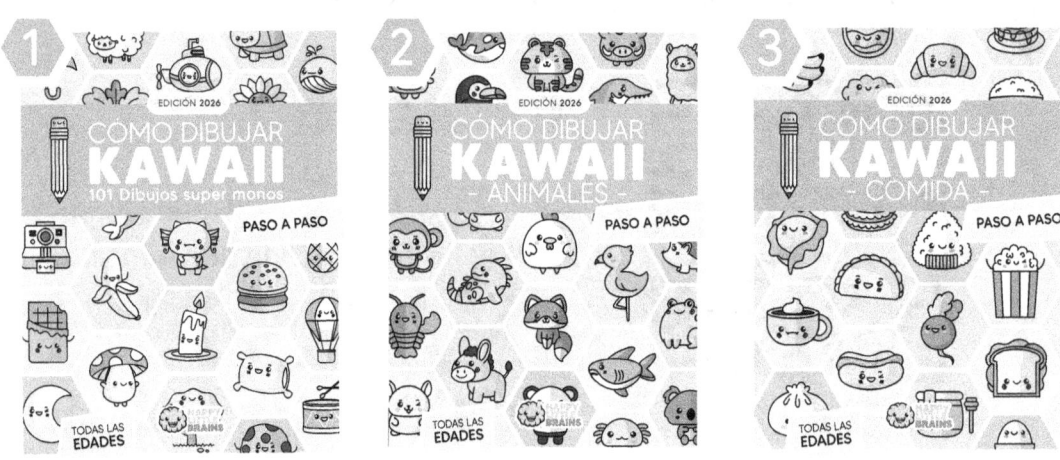

Aprende a dibujar personas, animales, comida .. de forma ADORABLE ¡Es fácil!

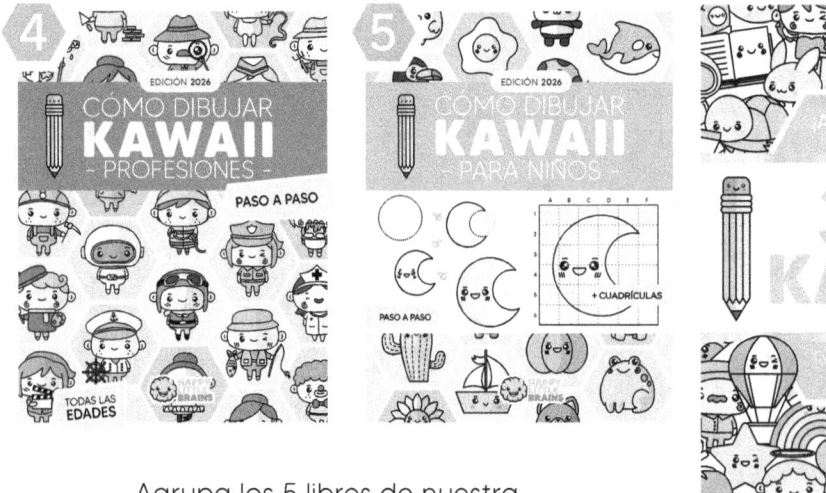

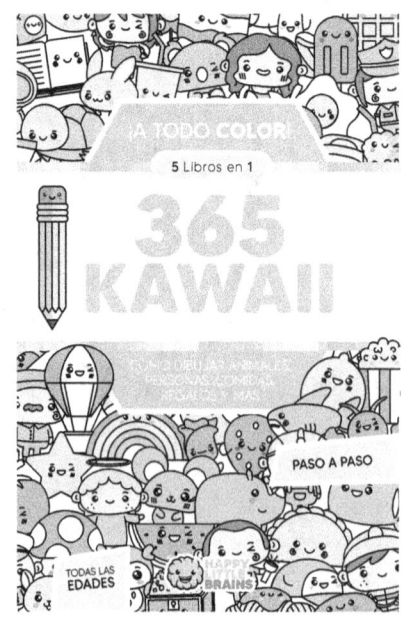

Agrupa los 5 libros de nuestra
colección en 1. ¡Y a todo color!

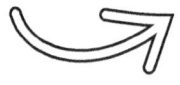

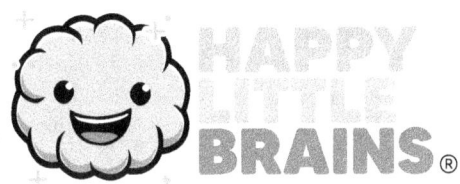

Búscanos en Amazon.es

Libros ▾	happy little brains	🔍

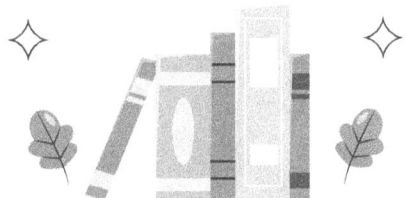